製品アーキテクチャと人材マネジメント

一橋大学経済研究叢書 65

都留 康 著

製品アーキテクチャと人材マネジメント
―― 中国・韓国との比較からみた日本 ――

岩波書店

カバー装幀＝中野達彦

経済研究叢書発刊に際して

　経済学の対象は私たちの棲んでいる社会である．それは，自然科学の対象である自然界とはちがって，たえず変化する．同じ現象が何回となく繰返されるのではなくて，過去のうえに現在が成立ち，現在のうえに将来が生みだされるという形で，社会の組立てやそれを支配する法則も，時代とともに変ってゆくのが普通である．したがって私たちの学問も時代とともに新しくなってゆかねばならぬ．先人の業績を土台として一つの建造物をつくりあげたと思った瞬間には，私たちは新しい現実のチャレンジを受け，時には全く新しい問題の解決をせまられるのである．

　いいかえれば経済学者は，いつも摸索し，試作し，作り直すという仕事を，性こりもなく続けなければならない．経済研究所の存在意義も，この点にこそあると思われる．私たちの研究所も，一つの実験の場である．あるいは，所詮完全なものとはなりえない統計を，すこしでも完全なものに近づけることに努力したり，あるいは，その統計を利用して現実の経済の動きの中に発展の法則を発見しようとしたり，あるいは，分析の道具そのものをみがくことに専念したり，あるいは，外国の経済の研究をとおして日本経済分析のための手がかりとしたり，あるいは，先人のきわめようとした原理を追求することによって今日の分析のための参考としたり，私たちの仕事はきわめて多岐にわたる．こうした仕事の成果を，その都度一書にまとめて刊行しようというのが本叢書の趣旨にほかならない．ときには試論の域を出でないものがあるとしても，それは学問の性質上，同学の方々の鞭撻と批判を受けることの重要さを思い，あえて刊行を躊躇しないことにした．ねがわくば，読者はこの点を諒承していただきたい．

　本叢書は，一橋大学経済研究所の関係者の筆になるものをもって構成する．必ずしも定期の刊行は予定していないが，一年間に少なくとも三冊は上梓のはこびとなろう．こうした専門の学術書は，元来その公刊が容易でないのだが，私たちの身勝手な注文を心よくききいれて出版の仕事を受諾された岩波書店と，研究調査の過程で財政的な援助を与えられた東京商

科大学財団とには，研究所一同を代表して，この機会に深く謝意を表したい．

　1953年8月

一橋大学経済研究所所長
都 留 重 人

目　次

序章　製品アーキテクチャと人材マネジメントを　なぜ問題にするか ─── 1
　1　本書の問題意識 ─── 1
　2　本書のアウトライン ─── 3

第1章　製品アーキテクチャと企業内コーディネーション ─── 11
　　──理論と実証──
　第1節　はじめに ─── 11
　第2節　理論的枠組み ─── 18
　第3節　実証戦略 ─── 20
　　1　データ／2　実証戦略と鍵となる変数
　第4節　推定結果 ─── 26
　第5節　結論と経営に対する含意 ─── 32
　補　論 ─── 33

第2章　製品アーキテクチャと人材マネジメント ─── 35
　　──企業レベルでの日中韓比較──
　第1節　はじめに ─── 35
　第2節　調査の方法とデータの説明 ─── 36
　第3節　製品アーキテクチャと人材マネジメント
　　　　　──3か国の概観── ─── 38
　　1　製品アーキテクチャ／2　人材マネジメント
　第4節　補完性は存在するか──計量経済分析── ─── 43
　　1　補完性の定義／2　等高線図による観察／
　　3　推定戦略と結果／4　結果の解釈と追加的分析
　第5節　おわりに ─── 56

第3章　製品開発プロセスにおける問題発生と解決行動 ───── 59
──エンジニア個人レベルでの日中韓比較──

- 第1節　はじめに ───────────────────────── 59
- 第2節　先行研究の展望と分析課題の設定 ─────────── 60
  - 1　問題解決活動としての製品開発／2　分析課題
- 第3節　調査の方法とデータの説明 ──────────────── 65
- 第4節　製品開発プロセスとエンジニアの仕事 ─────────── 67
- 第5節　製品開発プロセスにおける問題発生と解決行動 ──── 70
  - 1　自らの担当業務内で発生した問題と解決行動／
  - 2　自らの担当業務外で発生した問題と解決行動
- 第6節　問題解決行動と開発成果 ──────────────── 79
  - 1　個人の開発成果と組織の開発成果／
  - 2　開発成果の計量分析
- 第7節　考　察 ────────────────────────── 85
- 第8節　おわりに ───────────────────────── 89

第4章　製品開発におけるアイデア創出，コンセプト策定，および人材マネジメント ───── 91
──企業レベルでの日中韓比較──

- 第1節　はじめに ───────────────────────── 91
- 第2節　調査の方法とデータの説明 ──────────────── 92
- 第3節　上流工程の構造 ───────────────────── 93
- 第4節　担当者間コミュニケーションの状況 ─────────── 99
- 第5節　外部情報の取り込み方 ────────────────── 100
- 第6節　製品コンセプトの策定者と策定方法 ─────────── 103
- 第7節　人材マネジメント ───────────────────── 112
- 第8節　おわりに ───────────────────────── 115

第5章　製品開発における上流工程管理と人材マネジメント ── 119
──開発成果に対する効果の検証──

- 第1節　はじめに ───────────────────────── 119
- 第2節　先行研究の展望と仮説の設定 ────────────── 120
  - 1　製品開発論における上流工程への注目の高まり／
  - 2　製品開発成果を高める組織的要因／3　分析課題と仮説

第3節　分析戦略と推定結果 ─── 131
　第4節　結果の解釈 ─── 142
　第5節　おわりに ─── 148

第6章　企業内コミュニケーション・ネットワークが
　　　　生産性に及ぼす効果 ─── 151
　　　　──ウェアラブルセンサを用いた定量的評価──
　第1節　はじめに ─── 151
　第2節　先行研究の展望と仮説の設定 ─── 154
　第3節　調査対象企業と調査方法 ─── 158
　　1　調査対象企業／2　対面コミュニケーションの計測
　第4節　事業所におけるコミュニケーション・ネットワーク ─── 163
　第5節　計量経済分析 ─── 169
　　1　分析戦略／2　推定結果／3　考察
　第6節　おわりに ─── 176

終章　日本は，日本企業はどうすべきなのか ─── 179
　　1　日本の研究開発活動の国際的位置 ─── 179
　　2　日本の強み ─── 182
　　3　日本の弱み ─── 184
　　4　日本はどうすべきなのか ─── 185

　あとがき　189
　参考文献　193
　索　　引　203

図表目次

図序-1　本書の論理構造　4
図 1-1　アーキテクチャと製造品質の関係　27
図 2-1　新卒採用重視か中途採用重視か　42
図 2-2　OJT の重視度　42
図 2-3　off-JT の重視度　42
図 2-4　製品アーキテクチャ，人材マネジメント，開発パフォーマンスの 3 者関係（3 次元図）　44
図 2-5　製品アーキテクチャ，人材マネジメント，開発パフォーマンスの 3 者関係（等高線図）　48
図 2-6　等高線図——日本　48
図 2-7　等高線図——韓国　49
図 2-8　等高線図——中国　49
図 2-9　推定モデルの基本構造　51
図 3-1　本章の分析枠組み　64
図 3-2　製品開発プロセス　67
図 4-1　調査対象の限定　93
図 4-2　上流工程のフロー　96
図 4-3　社内で実施した工程の割合　96
図 4-4　中核的な部分を外注していた業務の割合　97
図 4-5　製品開発期間(延べ月数)　97
図 4-6　上市時点から遡った各工程の開始・終了時点——日本　98
図 4-7　上市時点から遡った各工程の開始・終了時点——韓国　98
図 4-8　上市時点から遡った各工程の開始・終了時点——中国　98
図 4-9　コミュニケーションの円滑さ(5 点尺度)　99
図 4-10　顧客・競合他社・技術に関する状況(5 点尺度)　101
図 4-11　市場ニーズを理解するために有益だった情報源(5 点尺度)　101
図 4-12　技術知識を得るために有益だった情報源(5 点尺度)　101
図 4-13　「製品コンセプトのアイデア出し」工程への参画率——日本　104
図 4-14　「製品コンセプトのアイデア出し」工程への参画率——韓国　104
図 4-15　「製品コンセプトのアイデア出し」工程への参画率——中国　104
図 4-16　「製品コンセプトのアイデア出し」工程の実質的主導者の割合　105
図 4-17　「工程設計・量産試作」工程の実質的主導者の割合　105
図 4-18　製品開発エンジニアが上流工程も主導しているか　106
図 4-19　製品開発エンジニアが下流工程も主導しているか　106
図 4-20　「製品コンセプトのアイデア出し」工程の主導者の入社経緯　107
図 4-21　最上流 3 工程主導者の職務経験——マーケティングと営業　108
図 4-22　最上流 3 工程主導者の職務経験——要素技術開発，製品開発，製造・生産技術　108
図 4-23　アイデア絞り込みの基準(1)——競合他社と顧客(5 点尺度)　109
図 4-24　アイデア絞り込みの基準(2)——QCD (5 点尺度)　109
図 4-25　集団的作業の割合　110
図 4-26　製品企画とマーケティングとの関係　111
図 4-27　製品企画担当者の位置づけ　111
図 4-28　処遇への影響——成功の場合(5 点尺度)　113
図 4-29　処遇への影響——失敗の場合(5 点尺度)　113
図 4-30　エンジニアにおける転職者の割合　114
図 4-31　エンジニアのマーケティング経験の割合　114

目　　次──xi

図 4-32　エンジニアの営業経験の割合　114
図 5-1　本章の仮説　131
図 5-2　推定結果の数量的評価　139
図 6-1　次数中心性と媒介中心性　157
図 6-2　名札型ウェアラブルセンサと赤外線ビーコン　163
図 6-3　ＡⅠ事業所のコミュニケーション・ネットワークを示すソシオグラム　164
図 6-4　ＡⅡ事業所のコミュニケーション・ネットワークを示すソシオグラム　165
図終-1　主要国の研究開発費総額対 GDP 比の推移　180
図終-2　研究主体別研究者数の推移（フルタイム換算）　181
図終-3　主要国の出願人国籍別特許出願件数　182
図終-4　世界の PCT 特許出願の動向（2016 年）　183

表 1-1　質問紙調査の回収状況　21
表 1-2　要約統計量　26
表 1-3　ベースラインの推定結果　28
表 1-4　順序プロビットによる推定結果　30
表 2-1　母集団と標本　37
表 2-2　製品アーキテクチャの分布状況　40
表 2-3　要約統計量　46
表 2-4　開発パフォーマンスの決定要因　52
表 2-5　製品アーキテクチャと人材マネジメントとの組み合わせ区間ダミーの推定結果　55
表 3-1　調査対象と回収状況　66
表 3-2　開発プロセスにおける担当業務　68
表 3-3　担当業務内で発生した問題　71
表 3-4　担当内で発生した問題のカテゴリー数の平均値　73
表 3-5　担当内問題解決の組織レベルの平均値　73
表 3-6　発生した問題別の結果　74
表 3-7　最難関問題解決の組織レベルと労働時間配分（％）との関係　76
表 3-8　自分の担当範囲外で発生した，解決が最も難しかった問題　77
表 3-9　担当外問題の解決行動における能動性の平均値　78
表 3-10　開発成果諸変数の記述統計　80
表 3-11　回帰分析に使用した変数の要約統計量　83
表 3-12　開発成果の決定要因，最小二乗法による推定　84
表 3-13　分析結果のまとめ　86
表 4-1　調査対象と回収状況　94
表 4-2　発見事実のまとめ　116
表 5-1　先行研究のまとめ　120
表 5-2　要約統計量　132
表 5-3　推定結果──仮説 1　135
表 5-4　推定結果──仮説 2　136
表 5-5　推定結果──仮説 3　137
表 5-6　分析結果のまとめ　140
表 6-1　A 社の調査対象事業所と調査の概要　160
表 6-2　分析に使用した変数の要約統計量　171
表 6-3　ネットワーク中心性が業務成果に及ぼす影響の推定結果──全体　172
表 6-4　ネットワーク中心性が業務成果に及ぼす影響の推定結果──事業所別　175

序章　製品アーキテクチャと
　　　　人材マネジメントをなぜ問題にするか

1　本書の問題意識

　21世紀に入り，東アジアは製品開発拠点としての重要度を高めている．とりわけ代表的な知識集約産業である情報通信技術関連産業において重要度の高まりが顕著である．事実，少なからぬ中国・韓国企業は今や強い国際競争力を有し，世界をリードする存在へと成長しつつある．その一方で，日本企業は，近年，海外勢の急速なキャッチアップに直面し，かつての勢いを失っている．

　日本企業の技術経営に関しては，「高度な製品・製造技術をもつ反面，製品構想・企画に弱点がある」「製品は技術的にすばらしいが魅力に欠ける」という声を聞くことが多い(妹尾, 2009; 延岡, 2011)．日本企業再生のために何がなされるべきか．私見では，マクロの需要創出，金融緩和，規制改革などを通じた生産性向上だけでは十分ではない．根本的には，市場セグメントごとの顧客ニーズを満たす魅力ある新製品を，競合国・競合他社以上に開発し市場に投入し続ける能力を日本企業は再構築する必要がある．

　こうした状況にもかかわらず，日本を含む東アジア企業の製品開発を国際比較した研究は少ない．また，開発過程における知識創造や知識移転を担うエンジニアの人材マネジメントやエンジニア個人の行動が成果に及ぼす影響を国際比較した実証分析はほとんどない．さらに，製品開発の出発点である製品のアイデアを創出しコンセプトを策定する上流工程(フロントエンド)と，そのアイデア・コンセプトを現実の製品として具体化する下流工程の双方を詳細に国際比較した研究は，管見の限りでは皆無といえよう．本書の焦点は，まさしくここに定められる．

　たとえば，経営学の分野では，日本の自動車産業(特にトヨタ自動車)に

おいては，製品開発に際し，長期雇用慣行をベースとして，プロジェクト型組織が採られ，権限の強いプロジェクト・マネージャーが「擦り合わせ」を牽引することが知られている．ではいったい，製品開発拠点として世界をリードする存在に成長しつつある中国・韓国企業ではどのような開発スタイルが採られているのだろうか．そして，開発プロセスを遂行する上での各国企業の強みと弱みは何だろうか．

　この問いに答えるひとつの方法は，企業の「組織能力」への着目である．組織能力とは，当該企業に競争優位をもたらす経営資源・知識・慣行（組織ルーティン）を意味する．この組織能力に関する先行研究は，製品開発組織のデザイン，製品開発プロセス，プロジェクト・マネージャーの役割について，有意義な解明を行ってきた．たとえば，Clark and Fujimoto (1991), *Product Development Performance* による自動車企業における製品開発に関する先駆的国際比較研究は，この分野を代表する研究である．

　しかし，このラインでの研究では，エンジニアの仕事実態は研究対象外である．このため，組織能力の内実はまだ具体的には明らかにはされていない．たしかに，藤本隆宏(2003)『能力構築競争』は，「ルーティンの束」としての組織能力に深い洞察を与えた．けれども，組織能力を発揮させる組織プロセスおよび組織プロセスを担う人材の管理という，組織能力のミクロ的基礎に十分には踏み込んでいない．

　本書は，以下に述べる2つの新たな視点から，以上で指摘した問題点を克服したい．

　（1）製品アーキテクチャの選択と人材マネジメントの方法とを結合して分析するという視点である．従来，前者は（後者を捨象して）製品設計の技術的問題として取り扱われることが多かった．しかし，製品設計を行っているのはエンジニアであって，彼ら彼女らがどのような人事管理の下に置かれ，いかに相互にコミュニケーションを取って調整を行うのかは，きわめて重要な問題である．他方，後者（人材マネジメント）は，前者（製品アーキテクチャの選択）を捨象して議論されることが少なくなかった．だが，どのような製品アーキテクチャ（後に詳論するインテグラル型かモジュラー型か）に応じて，必要とされるエンジニアのスキルや能力は異なるはずで

ある．

(2)「どのような製品なのか」を所与とはせずに，製品のアイデアが生み出され，製品コンセプトが策定される製品開発の上流工程に着目する視点である．ここでも，上流工程管理と人材マネジメントとを結合して分析する．革新的な製品アイデアというと，アップルのスティーブ・ジョブズやフェイスブックのマーク・ザッカーバーグなどの天才を想起しがちである．しかし，通常，上流工程は，専門分野を異にする社員の分業と協業により進行する．そうであるならば，そこにコミュニケーションは不可避であるし，エンジニアの能力の育成や成果に対するインセンティブ付与という問題も随伴する．

以上の2つの組織的コーディネーションが製品開発のパフォーマンス(開発成果)に及ぼす影響を分析することも本書の重要な課題である．調査研究の対象が新しいものであれば，また国際比較の場合，まずは対象の構造や国別の異同を明らかにするのは自然な流れである．しかし，いうまでもなく，製品の成否の最終的な審判は，市場で下されるべきものである．つまり，開発成果の分析もまた不可欠である．だが，成果も多次元であろう．販売実績はいうまでもなく重要だが，欠陥やリコールを出しては元も子もない．競合他社の製品と比べてどの程度の品質や顧客満足を確保したのかも重要な成果である．開発成果を製造品質，QCD(品質・コスト・納期)，顧客満足度などの複数の指標で捉えることも，本書の特徴である．

要するに，①製品開発の全過程を俎上に載せ，②そのミクロ的基礎に遡り，③開発成果への影響を分析する——これが本書全体を貫く方法である．

2　本書のアウトライン

この本の論理構成を図示すると図序-1のようになる．みられるように，章の構成は業務の流れとは逆に，下流工程から上流工程へ遡るものとなっている．これは，調査の順序(思索の流れ)を反映させたためである．各章の主張を簡潔に述べてみよう．

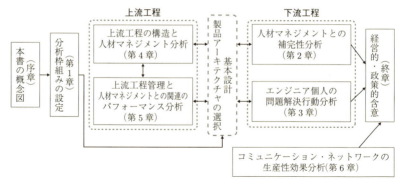

図序-1　本書の論理構造

第1章　製品アーキテクチャと企業内コーディネーション
　　　——理論と実証——

　本章の課題は，本書のテーマである製品アーキテクチャと企業内コーディネーションとが開発成果に及ぼす影響を分析する際の基本ロジックを明確にすることである．

　製品のインテグラル度は，製品の品質に対してどのように影響を及ぼすのか．この問題に取り組むため，本章では，システム・レベルの品質と部品レベルの品質とを区別し，それらの間には重要なトレードオフが存在すると想定した．つまり，製品のインテグラル度が高まると，システム・レベルの品質は向上するが，(エンジニアの設計活動のコーディネーション能力を考慮すると)部品設計における相互依存の増大に伴う問題がもたらされる可能性がある．調整不足の度合が高いとサブシステムにおける品質(欠陥)問題の数が増加するという先行研究(Gokpinar, Hopp, and Iravani, 2010 など)の結果を参照して，本章のモデルは，製品のインテグラル度が高いと，エンジニアのコーディネーション能力が不十分である場合には，部品レベルの品質が低下すると仮定する．つまり，インテグラル度が高いと製品のシステム・レベルの品質が高まるが，部品設計における相互依存の増大という好ましくない状況が生じることになる．

　われわれの仮説は，エンジニアのコーディネーション能力が比較的高い場合，前者の(正の)効果が後者の(負の)効果を凌駕するため，インテグラ

ル度の高さは製品の総合的品質を高めるが，エンジニアのコーディネーション能力が比較的低い場合には逆の結果が生じる，というものである．

この仮説は，日本企業の製品開発部門と人事部門の責任者を対象に実施した質問紙調査データを分析した結果，実証的に支持されることがわかった．

第2章　製品アーキテクチャと人材マネジメント
——企業レベルでの日中韓比較——

本章は，前章の考察をベースとして3か国での補完性の有無を分析する．すなわち，製品アーキテクチャと人材マネジメントとの間の補完性（施策・慣行間の整合性が高ければ開発成果も高まること）を統計的に検証する．前章ではデータを日本に限定したが，本章では日本・中国・韓国の3か国企業に拡張して，計量経済分析を行った．その結果，以下の点が明らかとなった．

まず第1に，製品アーキテクチャと人材マネジメントとの組み合わせ指数を作成する．これは，製品アーキテクチャ指標が -1 から $+1$，人材マネジメント指標が -1 から $+1$ の区間に入る変数である．つまり，製品アーキテクチャがインテグラル寄り(モジュラー寄り)で人材マネジメントが長期志向(短期志向)の場合には1に近い値をとるような指数である．製品アーキテクチャと人材マネジメントとの組み合わせに関しては，日本においては製品アーキテクチャと人材マネジメントとが適切な組み合わせ（インテグラルと長期，またはモジュラーと短期）にあるとき開発成果が有意に高まるという結果が得られた．しかし，中国と韓国ではそうした統計的有意性は確認できなかった．

しかし第2に，開発パフォーマンスと製品アーキテクチャ・人材マネジメントの組み合わせとの間に線形の関係があることを仮定せずに，組み合わせ指数の区間内でどのような効果を非線形的にもつかをみると，日本でも韓国でも，適切な組み合わせに近づくにつれて，逓増的に開発パフォーマンスが高まることが確認できた．

以上の結果は，製品アーキテクチャと人材マネジメントとの補完関係が

開発成果に対して正の効果をもつことを明らかにしたものである．

第3章　製品開発プロセスにおける問題発生と解決行動
　　　　──エンジニア個人レベルでの日中韓比較──

　前章では，日本・中国・韓国の製品アーキテクチャの選択とエンジニアの人材マネジメントに関する比較研究を行い，これら3か国で製品アーキテクチャと人材マネジメントの方法が開発成果に異なる結果をもたらすことを明らかにした．

　本章は，観察単位を企業から個人へと下ろすことによって，3か国の製品開発プロセスの類似性と差異をさらに明確にする試みである．言い換えれば，企業に行った質問と同じ質問をエンジニア個人に対して行うという，いわばミラーイメージの分析である．具体的には，エンジニア個人の問題解決行動に着目することによって課題に接近した．

　本章では，日本・中国・韓国のエンジニア個人を対象に質問紙調査データに基づき定量分析を行い，以下の3点を析出した．第1に，担当内で発生した問題を現場レベルで解決しようとするのは日本であり，上位組織で解決しようとするのは中国である．韓国は日本に近い．第2に，担当外の問題解決のための協力という意味でのエンジニア個人の能動性は日本で最も高く，韓国で最も低い．中国はその中間である．第3に，担当内問題解決の組織レベルは，いずれの国のどの開発成果に対しても有意な影響をもたないのに対し，担当外問題解決での能動性は，製品のインテグラル度を制御した上で，いずれの国の開発組織レベルでの開発成果に対しても正で有意な影響をもつ．担当外問題解決での能動性が重要だとの本章の結果は，第1章で明らかにしたエンジニアのコーディネーション能力の重要性を3か国の個人行動を捉えたデータで再確認したものともいえる．

第4章　製品開発におけるアイデア創出，コンセプト策定，および
　　　　人材マネジメント──企業レベルでの日中韓比較──

　前章までは，「どのような製品が開発されるのか」を与件とし，製品コンセプトの策定以降の製品アーキテクチャの決定や開発過程における問

題解決行動を分析してきた．本章の目的は，日中韓3か国の製造業およびソフトウェア業の企業に対する質問紙調査データ(382社)を用いて，製品開発における製品のアイデア出しや製品コンセプト策定などの「上流工程」(フロントエンド)それ自体の構造に分け入ることである．このように上流工程に焦点を絞ったのは，そこに従来の研究では明らかにされてこなかった空白領域があり，なおかつ実務的にも製品開発の成果を決定づける重要なプロセスにほかならないからである．

本章で得た特に重要な発見を，中国・韓国との対比でまとめると以下の通りである．

日本企業の上流工程には次の4つの特徴がある．すなわち，第1に，製品開発の全工程を一貫して製品開発エンジニアが主導する割合が，3か国の中で最も高い．第2に，上流工程主導者の職務経験に関しては，マーケティング・営業経験者の割合が3か国の中で最も低い．第3に，製品企画担当者の位置づけについては，「技術者に近い」とする回答割合が3か国で最も高く，「経営企画に近い」とする回答割合が3か国で最も低い．第4に，開発した製品の市場での成功と失敗とが処遇に反映される度合は，3か国中で最も低い．また，長期的インセンティブ付与(＝ポストによる処遇)に重点が置かれている．

以上から，上流工程の構造と機能を明らかにする際にも，前章までと同様の視点，すなわちプロセスを担い動かす人材のマネジメントが重要であることが示唆された．

第5章　製品開発における上流工程管理と人材マネジメント
　　　──開発成果に対する効果の検証──

本章の目的は，前章と同じ質問紙調査の結果データに基づきパフォーマンス分析を行うことにある．具体的には，製品開発の上流工程における諸活動(市場と技術に関する情報収集，上流工程への各機能部門の関与度合，参加者間および下流工程とのコミュニケーションの状況など)と人材マネジメント(インセンティブ付与のあり方)とがいかなる関係にあるときに開発成果が高まるかを定量的に分析した．

先行研究では，①外部情報(顧客ニーズおよび技術知識)の獲得ルート，②組織内コミュニケーション(機能横断的統合)，③開発エンジニアに対する動機づけ(インセンティブ付与)，といった3つの要因について，それぞれと製品開発成果との関係については議論されてきた．だが，3つの要因すべてを統合的に扱った上で，それらと開発成果との関係について十分に分析が行われてはいない．

そこで，その3つの要因を統合した仮説を設定し，3か国のデータをプールして分析を行った．プール分析の理由は，消極的には国別の分析では有意な結果を得ることができなかったからであるが，積極的には国別の差異よりも各要因が国や制度の違いを超えて，成果にどのような影響を及ぼすかが重要だと考えたためである．

分析の結果，以下の3点が明らかになった．①外部情報の獲得ルートが多く，なおかつ非金銭的インセンティブが付与されるとき開発成果(QCD：品質・コスト・納期，顧客満足度，販売実績)が高まる．②コミュニケーションの円滑さで測られた開発工程間の組織内統合度が高く，なおかつ非金銭的インセンティブが付与されるとき開発成果(QCD，顧客満足度)が高まる．③マーケティング担当者と開発担当者とのコミュニケーションの円滑度が高く，なおかつ非金銭的インセンティブが付与されるとき開発成果(QCD，顧客満足度)が高まる．

本章のこの結論は，製品開発の下流工程を対象として先行章で見出された機能部門間・担当者間のコミュニケーションとコーディネーションの重要性が，上流工程にも当てはまることを明らかにしたと位置づけられる．ただし，そうしたコミュニケーションとコーディネーションとが開発成果にも正の効果をもつのは，非金銭的インセンティブを伴う場合に限られるという本章の結果は，上流工程における不確実性(製品の成功・失敗の予測困難性)の高さと関連するかもしれない．

第6章　企業内コミュニケーション・ネットワークが生産性に及ぼす効果
　　　　——ウェアラブルセンサを用いた定量的評価——

前章までの分析で，開発成果に対して担当者間のコミュニケーション

が重要な影響を及ぼすことを析出してきた．しかし，コミュニケーションの計り方は質問紙による主観的データであって，客観的データではない．そこで，新たな技術であるウェアラブルセンサを用いてコミュニケーションと成果との関係を分析することが本章の課題である．すなわち，本章は，企業内の社員間コミュニケーション・ネットワークの構造，およびそれが業務成果に与える影響について定量的に分析することを目的とする．定量的な対面コミュニケーション・データベースを構築するため，ウェアラブルセンサによって，法人顧客向けソフトウェア・サポート業務を行う日本企業の2つの事業所の社員同士の対面コミュニケーション行動を収集した．このデータを用い，まず，ソシオグラムによってコミュニケーション・ネットワークの構造を明らかにした．次いで，各社員の成果データ(生産性)を用い，コミュニケーションが個人および事業所の生産性に与える影響を分析した．その結果，コミュニケーション・ネットワークにおける媒介中心性(ある社員がネットワークにおける結節点になっている程度)の上昇は事業所の成果に頑健に正で有意な影響をもつことが示された．本章の分析対象は，前章までの製品開発エンジニアではない．けれども，ソフトウェアのサポート業務も，問題解決の難しさという点で製品開発と相通ずるものがある．知的業務におけるコミュニケーションが知識・情報交換であるがゆえに，直面した問題に対し，適切に他の社員からコミュニケーションによって情報収集することが重要であるという結論は，前章までとは異なる職場・職種ではあるが，前章までの分析結果をより客観的なデータによって補強したものといえよう．

　以上が本書の骨子である．それでは，本論に入ろう．

第1章 製品アーキテクチャと企業内コーディネーション
――理論と実証――

第1節 はじめに

製品開発(もしくは製品設計)は価値創造活動における重要な要素である[1]．そして，製品開発プロセスにおいては，製品アーキテクチャは，決定的な役割を果たしている．Ulrich (1995)による先駆け的な研究は，製品アーキテクチャの果たす役割への関心を急激に高めた．その結果，この概念に焦点を当てた膨大な研究が生み出された(包括的なレビューについては，Krishnan and Ulrich, 2001 および Fixson, 2005 をみよ)．

製品アーキテクチャとは，製品の機能的要素を製品の構成部分に割り当てることを意味する(Ulrich and Eppinger, 2012, p. 184)．それは，システムとしての製品のサブシステムへの分解と，サブシステム間のインターフェイスを定義づける(たとえば，Baldwin and Clark, 2000 をみよ)．製品アーキテクチャの類型で鍵となるのはモジュラー型(組み合わせ型)アーキテクチャとインテグラル型(擦り合わせ型)アーキテクチャとの区別である(Ulrich, 1995)．モジュラー型アーキテクチャでは，製品のひとつの機能はその製品のひとつの部品に対応させられることが多い(1対1対応)．また，あるインターフェイスが結びつける複数の部品は比較的独立している．それはすなわち，ある部品の設計を変更しても他の部品の設計を多く変更する必要はないという意味においてである．これに対して，インテグラル型アーキテクチャでは，機能と部品との対応はより複雑で(非1対1対応)，インターフェイスが結びつける複数の部品の設計は密接な相互依存関係にある

---

1) 価値創造活動は，マッキンゼー・アンド・カンパニーが提唱した価値連鎖モデル(Barney, 2002; Grant, 1991)によると，技術開発，製品設計，製造，マーケティング，流通，サービスからなる．Clark and Fujimoto (1990, 1991)も参照せよ．

(Ulrich, 1995; 藤本, 2001). インテグラル度とモジュラー度は製品アーキテクチャに関して相対的な性格のものである. 製品が厳密にモジュラー型またはインテグラル型であることは稀である. むしろ, ある製品は同種の製品と比べてインテグラル(もしくはモジュラー)寄りか否かということが問題となる.

ある製品のインテグラル度は製品の品質にどのような影響を及ぼすのだろうか. この問題に取り組むため, 製品の品質(総合的品質)をシステム・レベルの品質と部品レベルの品質とに分解する. Ulrich (1995, p. 432)に従って, 部品レベルの品質を「製品の局所部位(つまり零細部品か大型部品のレベル)の性質のみに起因する品質」と定義する. システム・レベルの品質は,「製品の(すべてではないとしても)ほとんどの部品の物理的性質に起因する品質」と定義される[2]. 以下では, システム・レベルの品質と部品レベルの品質の決定要因を考察する.

システム・レベルの品質と部品レベルの品質とを区別すると, インテグラル型アーキテクチャをめぐる重要なトレードオフが明らかになる. つまり, 製品のインテグラル度が高いと, システム・レベルの品質は向上する一方で, さまざまな部品間の相互依存関係も高まるため, 部品レベルの品質の最適化が困難になる.

以下では実例を用いてこのトレードオフを説明する[3]. 3つの機能 A, B, C をもつ製品を考えよう. この製品の品質は主に2つの要因によって決定されるとする. ①本製品がこれら3つの機能をどれほどうまく実行するか, そして②製品のサイズ(小さいほど好ましい), である. モジュラー型アーキテクチャでは, 各機能はひとつの部品に対応させられる(1対1対応). 機能 A は部品 a によって実行され, 機能 B は部品 b によって, 機能 C は部品 c によって実行される. しかも, 各部品の設計が他の部品の設計に影響を与えることはない. 部品と機能との対応はモジュラー型アーキテクチャでは容易である.

---

[2] 正確に述べると, Ulrich(1995)は「品質」の代わりに「パフォーマンス特性」という用語を使っている.
[3] この実例は Ulrich(1995)の第7節の説明に基づく.

製品のサイズは，その製品のインテグラル度を高めることで削減できる．製品のサイズを削減するひとつの戦略は，機能の共有である．たとえば，機能Bが部品aとcで実行されるようにすれば，この製品から部品bは不要になり，製品のサイズ削減の役に立つであろう．しかし，機能の共有は，部品aとcの設計の相互依存性をもたらす．aとcが共同で機能Bを実行するからである．別の戦略はジオメトリー・ネスティング（入れ子構造）で，複数の部品がより小さな物理的空間に配置される．すると，ある部品の形状は他の部品の形状に左右されることになる．なぜなら，それらは狭い物理的空間に配置されなくてはならないからである．そうなると，部品設計における相互依存は避けられない．

製品のインテグラル度の高さは，異なる部品の設計の相互依存を高める．相互依存の度合が高いと，いかにして製品の品質に影響が及ぶのだろうか．複雑な製品の開発には多くの社員やチームが関与する（たとえば，Sosa, Eppinger, and Rowles, 2003, 2004 をみよ）．より正確にいうと，複雑な製品の製品開発プロセスは複数のエンジニア（もしくはエンジニア集団）を要し，各エンジニア（集団）は製品のあるひとつ（または一組）の部品の設計を担当する．そのような場合，製品のインテグラル度が高いために部品設計の相互依存の度合が高くなると，設計活動の調整が困難になる．

実例を示すとこの点の理解の助けになる．わかりやすい事例は，ブラザー工業のMFCインクジェットやヒューレット・パッカードのレーザー・ジェットPRO MFPのような，多機能一体型プリンター（デジタル複合機）である．こうした機器は，コピー機，ファクシミリ，印刷機，スキャナーの組み合わせとして機能する．多機能プリンターは，小規模企業やホームオフィスの利用者にとって便利である．一台の機械に基本的なオフィス機能がすべて搭載されているからである．

しかし，そうした小型の多機能プリンターはさまざまな開発上の困難に直面してきた．たとえば，これらの機器の縦横の長さは，主に技術よりも紙のサイズによって決まっており，短縮することが難しい．こうした状況のため，メーカーは印刷の品質を下げることなく，印刷ユニット（「エンジン」）をできるだけ小さくしてきた．また，複数の電気信号（LAN, Wi-

Fi，Bluetoothなど）を同時に受信できるため，信号の優先順位付けが肝心である．この複雑さに対処するため，メーカーはファームウェア（埋め込まれたシステム）とソフトウェアの設計に特別の注意を払ってきた．複雑な調整を実現するためには，ファームウェア，ソフトウェア，そしてさまざまな部品に責任をもつチームの間の意思疎通がきわめて重要である（ブラザー工業のエンジニアへの著者による聞き取り調査と，論文ウェブサイト DeskJet 1200C Printer Architecture (*Hewlett-Packard Journal*, February 1994)に基づく）．

別の例は，アップルのiPhoneやサムスン電子のGalaxyなどのスマートフォンである．ニールセンによると，2016年には米国で2億710万人がスマートフォンを利用した．市場占有率は，おおよそアップルが45％，サムスン電子が32％であった（http://www.nielsen.com/us/en/insights/news/2016/millennials-are-top-smartphone-users.html）．スマートフォンの基本構造は，アプリケーション・プロセッサー，ベースバンド・プロセッサー，タッチ・スクリーン，カメラ，ワイヤレス通信装置，バッテリーと電源制御ユニットからなる．スマートフォンの設計者が直面する課題は主に2つある．第1に，ノイズの抑制である．スマートフォンが利用する高速無線通信は，ノイズと部品の干渉を生じる可能性がある．こうした問題を最小化するため，メーカーは回路設計に特別細心の注意を払ってきた．最も重要なのは，メイン・アンテナをサブ・アンテナから分離して，それらの間の関連を低く抑えようとしてきたことである（http://www.murata.com/en-global/products/emc/emifil/knowhow/lte/chapter02?intcid5=com_xxx_xxx_cmn_hd_xxx）．

もうひとつの課題は，バッテリーの寿命を最長にすることである．というのも高精度タッチ・スクリーンとカメラは，高速通信と並んで，電力を大量に消費するためである．この問題の解決にとって非常に重要なのは，寿命の長いバッテリーの開発のみならず，CPU，アプリケーション・プロセッサーや他のユニットの電力消費を減らすことである．その実現を可能にするのは，異なる部品を担当するエンジニアたち（チーム）の慎重な調整である[4]．

これらの例を念頭に，簡単なモデルを考察し，以下のように仮定する．製品のインテグラル度の高さは，エンジニアによる設計活動のコーディネーション能力が低い場合，製品の部品レベルの品質を下げることになるが，この不利はエンジニアのコーディネーション能力が向上するにつれて低減し，最終的には消滅する[5]．このときモデルの予測では，製品のインテグラル度の高さは，エンジニアのコーディネーション能力が比較的高い場合，製品の総合的品質（これはシステム・レベルの品質と部品レベルの品質に基づく）が高まる．逆に，エンジニアのコーディネーション能力が比較的低い場合，インテグラル度の高さは総合的品質の低下を招く．高いインテグラル度は，部品設計の相互依存性に拍車がかかるという代償を伴いながら，製品の総合的品質を高めるのである．エンジニアのコーディネーション能力が比較的高いとき，正（後者）の効果が負（前者）の効果を上回るため，高いインテグラル度は製品の総合的品質を高める．これに対し，コーディネーション能力が比較的低い場合，逆の結果が生じる．

　この予測を検証するため，日本で行った企業レベルの調査により収集した独自のデータセットを分析し，この見方が実証的に支持されることを確認する．データセットに含まれる情報は，製品設計のインテグラル度，製品の品質，エンジニアのコーディネーション能力である．われわれの知る限り，本研究は製品のインテグラル度を連続変数として測定しようとする初めての産業横断的調査である．

　製品のインテグラル度とエンジニアのコーディネーション能力との関

---

4) 部品を設計するエンジニアたちが調整に失敗した典型的な例がサムスン電子の Galaxy Note 7 である．CNBC の特別レポートによると，Note 7 の致命的な欠陥の原因は「過度に積極果敢（強引）な」設計方針にあった（http://www.cnbc.com/2016/12/06/samsung-galaxy-note-7-phones-caught-fire-because-of-the-aggressive-battery-design-report.html）．競争するアップルに対して優位に立つため，サムスン電子は製品を可能な限り薄いサイズに押し込めようとした．しかし，サイズの小ささが問題を起こした．このレポートによると，鍵となったのは，Note 7 に使われたバッテリーである．「標準的な製造パラメーターを使った，より小さなバッテリーを搭載していれば，発火・膨張の問題は解決していたであろう．しかし，より小さなバッテリーでは，システムのバッテリー寿命が，先行の Note 5 のみならず最大のライバルである iPhone 7 Plus の水準を下回っていたはずだ」．おそらくこの欠陥の原因は，バッテリー担当チームと，製品の仕様，試験，改善に責任をもつチームとの間に慎重な調整が欠けていたことである．

5) この仮定は Gokpinar, Hopp, and Iravani (2010) の主要な結果と密接に関連し，整合的である．この点は本節の最終段落で説明する．

係がわれわれの分析の鍵となる要素である．製品アーキテクチャと組織の性格との関係は，先行研究の対象となってきた．Ulrich (1995)は，製品アーキテクチャと組織の問題(技能や能力を含む)との関係について指摘している．彼の主張によると，インテグラル型アーキテクチャでは，調整と統合のためのより高い技能が必要となる一方，モジュラー型アーキテクチャでは，システム工学とプランニングのためのより高い技能を要する可能性がある(p. 435)．Henderson and Clark (1990)は，写真平板調整装置産業のエンジニア100名を超える聞き取り調査に基づいて，次のように主張する．すなわち，組織の知識・情報処理の構造は，組織が設計する製品の内部構造を反映するようになる(p. 27)．組織の変革には時間を要するため，この産業の支配的企業は，製品アーキテクチャの根本的変革を要するような技術革新に直面した1980年代には立ち往生した．この見方によると，組織の特色こそが，製品アーキテクチャのタイプやその変化の仕方を決定するのである．しかしながら，Sanchez and Mahoney (1996)は逆の因果関係の方向を示唆している．つまり，モジュラー型アーキテクチャやモジュラー型設計が，モジュラー型組織を可能にしているという．自動車からソフトウェアに及ぶ実例を扱った文献を広範に調査した結果，彼らは次のように指摘している．モジュラー型アーキテクチャが生み出す情報構造は，モジュラー型組織設計において緩やかに組み合わされた部品群をまとめ合わせる接着剤を提供しているのである．

　いくつかの最近の研究が，ミクロ・レベルのデータセットの分析を通じて，製品アーキテクチャの理解に貢献している．研究の焦点は主に2つある．相関の分析と，パフォーマンスの結果の探究である．

　第1に，「反映仮説」(mirroring hypothesis)を提唱したMacCormack, Baldwin, and Rusnak (2012)は，組織構造と組織が生産する製品の設計との相関を検討した．彼らは，組となったソフトウェア製品の設計構造のマトリクス・データを用いて，次のような結果を得た．①商用(有償)ソフトウェア企業の組織的参加者は，目標，構造，行動の点で厳密に組み合わされている．それに対して，オープンソース(無償)のソフトウェア・コミュニティの参加者は組み合わせが緩やかである．②ソフトウェアのソー

ス・ファイル・レベルの依存度に焦点を当てるため，ファイル間の「機能呼び出し」を数えると，緩やかに結びついた組織が開発した製品の依存指数は，厳密に結びついた組織の製品よりもかなり低い(つまり，モジュラー寄りである)．③たとえ製品の機能が似通っている場合でも，それらが組織構造の異なる様式を反映する仕方が原因となり，製品アーキテクチャは異なる可能性がある[6]．

第2に，Gokpinar, Hopp, and Iravani (2010)は，調整不足が品質に及ぼす影響を分析するため，大規模な自動車会社の車体開発プロセスを調査し，車体の品質(保証による修理)をパフォーマンス指標として利用している．企業が設計プロセスを管理し，記録するために使う設計変更指示(ECO)のデータに基づいて，彼らは部品間の技術上，調整上の関係を把握するための2つの指標を作り出した．①部品間の相互作用の程度，②エンジニア間の意思疎通の頻度，である．この2つの指標の差が計算され，「調整不足」と解釈される．Gokpinar, Hopp, and Iravani (2010)の回帰分析の結果は，調整不足がサブシステムの品質問題と正の相関関係にあることを示唆している．

われわれの分析の新しさは，分析枠組みにおいてシステム・レベルの品質と部品レベルの品質との区別を組み込んでいることにある．Gokpinar, Hopp, and Iravani (2010)らの発見は，調整の不備が大きいほどサブシステムの品質問題の数が増え，つまり部品レベルの品質が下がるということである．しかし，保証による修理は部品レベルの品質だけにかかわる．システム・レベルの視点からは，燃費や乗り心地も大切である．以下では，製品のインテグラル度がいかに部品レベルとシステム・レベルの品質の双方に影響を及ぼすかについて，新たな理論予測を導き出し，その予測を実証的に検証する．

---

6) このアプローチの拡張や批判については以下を参照せよ．Cabigiosu and Camuffo (2012), Furlan, Cabigiosu, and Camuffo (2014), Cabigiosu, Zirpoli, and Camuffo (2013), Baldwin, MacCormack, and Rusnak (2014).

第2節　理論的枠組み

本節では，製品のインテグラル度がどのように製品の品質に影響を与えるかを検討する．そのため，システム・レベルの品質と部品レベルの品質とを区別する簡単なモデルを用いる．われわれが仮定する重要なトレードオフは，製品のインテグラル度が高いとシステム・レベルの品質が高まるが，その代償として，部品設計の相互依存性が増す，というものである．これはエンジニアたちが設計活動を調整する能力を考慮している．このモデルの鍵となる仮定は以下の通りである．すなわち，製品のインテグラル度の高さは，エンジニアたちが設計活動を調整する能力が低ければ部品レベルの品質の低下をもたらすが，この欠点は，エンジニアのコーディネーション能力が向上するにつれて解消されていく．

ある製品の開発プロセスが複数のエンジニア(あるいはエンジニア集団)を伴い，各エンジニア(エンジニア集団)は製品のひとつの部品(または部品群)の設計を割り当てられる．ここで $x \in [0, \eta]$ は製品のインテグラル度を表す．$x=0$ は完全なモジュラー型アーキテクチャ，$x=\eta$ は実現可能な最高水準のインテグラル型アーキテクチャを意味する．また，$y \in [0, \lambda]$ は設計活動を調整するエンジニアの能力水準を表す．

製品の総合的品質はシステム・レベルの品質と部品レベルの品質とによって決まる．システム・レベルおよび部品レベルの品質の性格を所与とすれば(第1節を参照)，システム・レベルの品質は x によって決まり，部品レベルの品質は x と y によって決まると仮定する．$G(x)$ と $L(x,y)$ はそれぞれ製品のシステム・レベルの品質と部品レベルの品質を表すとする．これらの関数はいずれも連続微分可能である．製品の総合的品質 $Q(x,y)$ は $Q(x,y)=G(x)+L(x,y)$ で与えられる[7]．

システム・レベルおよび部品レベルの品質の性格が与えられたものとすれば，われわれは $G(x)$ と $L(x,y)$ が以下の性質を満たすと仮定する．第1に，すべての $x \in [0, \eta]$ に対して $G'(x)>0$ である．つまり，製品のイ

---

[7] 加法分離可能性は簡単化のためであり，われわれの予測の定性的性質に影響を与えない．

ンテグラル度が増すと，システム・レベルの品質は高まる．第2に，$y\in[0,\lambda')$ のとき，すべての $x\in[0,\eta]$ に対して $\partial L(x,y)/\partial x<0$ で，$y\in[\lambda',\lambda]$ ならば，すべて $x\in[0,\eta]$ に対して $\partial L(x,y)/\partial x=0$ である．$\lambda'(\in(0,\lambda])$ はパラメーターである．x が増加するにつれて，異なる部品の設計の相互依存度は高まる．そうなると，エンジニアたちが部品レベルの品質で最適な水準を達成することが難しくなる．われわれの仮定は，部品設計におけるエンジニアのコーディネーション能力が十分に高くなければ，x の増加は部品レベルの品質を低下させるというものである．他方，彼らのコーディネーション能力が十分に高い場合($y\in[\lambda',\lambda]$)は，たとえインテグラル度が高いときでも，設計活動を最適に調整できる．われわれはこの場合，$\partial L(x,y)/\partial x=0$ を仮定する．つまり，部品レベルの品質はインテグラル度に左右されない．第3に，すべての $x\in[0,\eta]$ と $y\in[0,\lambda')$ に対して $\partial 2L(x,y)/\partial y\partial x>0$ である．y が増加するにつれて，エンジニアたちは設計活動をよりうまく調整できるようになり，高い x が部品レベルの品質に与える損害を低下させる．よって，y の増加に伴い，x の上昇による部品レベルの品質の低下の割合は下がってくる．第4に，われわれはすべての $x\in[0,\eta]$ に対して $\partial L(x,0)/\partial x<-G'(x)$ を仮定する．すわなち，エンジニアたちのコーディネーション能力が0のとき，x の増加が部品レベルの品質に与える費用は，x の増加がシステム・レベルの品質にもたらす便益よりも大きい．

　このモデルは，x が $Q(x,y)$ に及ぼす影響について，次のような結果を生み出す．すなわち，$0<\lambda-\leq\lambda+<\lambda$ であるような $\lambda-$ と $\lambda+(<\lambda')$ の値が存在し，①$y\in[0,\lambda-)$ なら，$Q(x,y)$ はすべての $x\in[0,\eta]$ において x とともに厳密に減少し，②$y\in(\lambda+,\lambda]$ なら，$Q(x,y)$ はすべての $x\in[0,\eta]$ において x とともに厳密に増加する．x の増加は，$y\in[0,\lambda')$ である限り，システム・レベルの品質を向上させるが，代償として部品レベルの品質を低下させる．この結果によると，y が比較的小さいため全体の品質が x とともに低下するときには，正の効果が負の効果に凌駕される．他方，y が比較的大きいときには，逆のことが当てはまる．y が $\lambda-$ と $\lambda+$ の間にあるときに明白な結果を得るためには，関数 $G(x)$ と $Q(x,y)$ の二階の

微分についてさらなる仮定を設ける必要がある．ここでは，$G(x)$ および $Q(x,y)$ を x の線形関数として近似できるようにするため，すべての y に対して $G''(x)=\partial 2L(x,y)/\partial 2x=0$ と仮定する．このモデルは次のような予測を生み出す[8]．

検証すべき理論予測

$G(x)$ と $Q(x,y)$ は x の線形関数として近似できるとする．このとき，①と②の性質を満たす閾値 y' が存在する．

①エンジニアが設計活動を調整する能力が閾値よりも低い ($y<y'$) とき，製品の総合的品質は製品のインテグラル度が増すとともに低下する．

②エンジニアが設計活動を調整する能力が閾値よりも高い ($y>y'$) とき，製品の総合的品質は製品のインテグラル度が増すとともに上昇する．

第3節　実証戦略

1　データ

前述の予測を検証するため，日本で行った企業レベルの調査で得られた独自のデータセットを用いる．対象とした企業は，製造業とソフトウェア業に属する民間企業であった．調査区域は全国で，サンプル・フレームとしては，「東京商工リサーチ企業情報データベース」を利用した．われわれは，調査対象製品を次のように特定化した．すなわち，企業内の売上高の最も大きい部門において，2007～09年度平均で売上高寄与率が最も高かった製品または情報システムという特定化がそれである．調査は2010年3月に郵送調査で行われた．調査を依頼した企業数と回答を得た企業数の詳細は表1-1に示されている．このデータセットは，次節で説明するように，われわれの実証分析にふさわしい代理変数を含んでいる．

すべての質問を人事部長に尋ねることが，この種の事例研究や質問紙調査では一般的である．しかし，われわれは実務家たちと一連の議論を行っ

---

8) 証明は補論を参照せよ．

表 1-1 質問紙調査の回収状況

		母集団数	回収標本数	回収率(%)
	全体	3,504	104	3.0
従業員数別	300 人未満	1,345	50	3.7
	300〜499 人	882	24	2.7
	500〜999 人	666	18	2.7
	1,000 人以上	611	12	2.0
業種別	製造業	3,115	89	2.9
	うち機械系	1,353	44	3.3
	うち機械系以外	1,762	45	2.6
	ソフトウェア業	389	15	3.9

注 1) サンプル・フレームは「東京商工リサーチ企業情報データベース」である.
2) 従業員数 185 人以上の企業に限定した.

た結果,製品アーキテクチャに関する質問は製品開発部長に尋ね,人事管理の慣行に関する質問は人事部長に尋ねることが重要であると理解するようになった.この教訓から,われわれは 2 部構成の質問紙を準備した.まず,人事部門のトップが人事制度と人事管理の慣行に関する部分に回答し,次に,製品開発部門のトップが回答するのである[9].この調査方法により,回答者が提供する情報の正確さが高まったと考えている.

2 実証戦略と鍵となる変数

本節では,次のモデルを推定することにより,われわれの予測を検証する.

$$q_i = \alpha + \beta_1 x_i + \beta_2 y_i + \beta_3 x_i y_i + Z'_i \gamma + \varepsilon_i$$

---

[9] 3% という回収率はきわめて低い.これにはおそらく 2 つの理由がある.第 1 は,調査対象となったかなり多くの企業(特に中小企業)が,そもそも製品開発機能を社内にもたず,本来ならスクリーン・アウトされるべきであったということである.総務省統計局『科学技術研究調査報告』(2008 年)によれば,「いわゆる研究のみならず,製品および生産・製造工程などに関する開発や技術的改善を図るために行われる活動を行っている」企業の割合は,製造業平均で 12.8%(1〜299 人の企業で 11.5%,300〜999 人の企業で 54.0%,1000 人以上の企業で 81.8%)であった.また,情報通信業平均では 6.7%(1〜299 人の企業で 6.1%,300〜999 人の企業で 12.3%,1000 人以上の企業で 56.7%)であった.第 2 の可能性は,調査が 2 段構えで,まず「人事制度と人材マネジメント」の節を人事部長が回答した後に,調査票を社内で転送して「製品開発」の節を製品開発部長が回答するものとなったことである.この煩雑さのため,複数事業所のある大規模企業(たとえば東京に本社人事部があり大阪に製品開発部門がある企業)では回答が困難であったと考えられる.

ここで q_i は製品の総合的品質，x_i は製品のインテグラル度，y_i はエンジニアのコーディネーション能力の水準，Z_i は制御変数のベクトルである．実証モデルの鍵となる変数は，製品のインテグラル度とエンジニアのコーディネーション能力との相互作用を表す交差項 $x_i y_i$ であり，これにより，インテグラル度とエンジニアのコーディネーション能力が独立に品質に影響を与えることが可能となる．この実証モデルで，われわれの予測は $\beta_1 < 0$ および $\beta_3 > 0$ と表現できる．これを確認するため，$\partial q_i / \partial x_i = \beta_1 + \beta_3 y_i$ であることに注意しよう．すると，$\beta_1 < 0$ および $\beta_3 > 0$ であれば，$y_i < B$ のときにはすべての x_i に対して $\partial q_i / \partial x_i < 0$，$y_i > B$ ならばすべての x_i に対して $\partial q_i / \partial x_i > 0$ が得られる ($B \equiv -\beta_1 / \beta_3 > 0$)[10]．

以下では，方程式の鍵となる変数をデータからどのように構成するかを説明する．総合的品質 (q_i) について，質問紙では調査の回答者に，①製造品質，②顧客にとっての総合的な価値と製品への満足度，に対する評価を尋ねている．各項目は1から10の順序尺度で測定され，10は業界の最高水準を表す．われわれはこれら2つの変数を総合的品質の代理変数とし，ある回帰分析では一方を，別の回帰分析では他方を使う．ただし，どちらの回帰分析も同じ説明変数を利用している．

次に，説明変数に移る．われわれの実証研究を進める上で鍵となった課題は，製品のインテグラル度の測定である．この目的のために質問紙で尋ねた質問は，Ulrich and Eppinger (2012) の次のようなアイデアに基づいている．すわなち，モジュラー型アーキテクチャは，インテグラル型アーキテクチャと比べて，製品開発プロセスの基本設計の段階を比較的重視し，詳細設計の段階は相対的に重視しない，という考え方である．モジュラー型アーキテクチャでは，機能と部品の1対1対応を確立するため，製品を部品に分解する際に周到な計画が必要となる．これこそ，基本設計の鍵となる要素である．これに対して，1対1対応がいったん確立されれば，製品の独自の部品すべての配置，素材，耐性の特定(これは詳細設

---

10) 係数 β_2 は，製品アーキテクチャがきわめてモジュラー寄りである ($x_i = 0$) ときに，エンジニアのコーディネーション能力の向上が総合的品質に及ぼす影響を表す．われわれの仮説では β_2 の正負を仮定しない．また，β_2 の正負のいかなる予測も含まない．

計の鍵となる要素である）は比較的容易である．インテグラル型アーキテクチャでは，製品の部品への分解はわりと単純である．なぜなら，機能と部品の非1対1対応が許されるからである．しかし，非1対1対応では，製品の部品の配置，素材，耐性の特定がより複雑で時間を要する作業になる．

したがって，製品開発プロセス全体に費やされる工数に占める詳細設計段階の割合は，インテグラル型アーキテクチャで高く，モジュラー型アーキテクチャでは低くなる傾向がある．質問紙では，製品分野を異にする実務家との議論に基づいて，詳細設計段階の工数を正確に測定するキーワードとして「設計パラメーターの最適化」を選んだ．

われわれの選択は，Baldwin and Clark (2000) の次のような洞察と整合的である．「「設計」とは人工物の完全な記述である．設計はより小さな単位に分解することができ，それらは設計パラメーターと呼ばれる．たとえば，赤いマグカップと青いマグカップは，「色」という設計パラメーターの点で異なる．それらは他の次元でも異なるかもしれない．たとえば高さ，幅，材質などである」(p. 21)．このように，詳細設計段階におけるエンジニアの核となる仕事は，製品の望ましい機能を実現するため，自らに割り当てられた部品の設計パラメーターを最適化することである．

ほとんどの製品は数多くの部品からなるため，製品のすべての部品について詳細設計段階に費やされた工数の比率を尋ねるのは現実的ではない．質問紙で尋ねているのは，製品の品質の最も重要な決定要因となる「キー・コンポーネント」に関する比率だけである．キー・コンポーネントは他の部品と多くのインターフェイスを有する可能性が高いため，キー・コンポーネントのこの比率は，製品のインテグラル度の代理変数にふさわしいと考えられる．

一連の予備調査をハードウェア企業とソフトウェア企業に属するエンジニアと行った後に，われわれは次のような質問文を用意した．

主力製品または情報システムの開発（量産開始時点までを指します）において，要求機能を実現するために「キー・コンポーネント」の設計パラメーターを最適化するのに必要だった工数は，全開発工数を100％

とするとどの程度でしたか？

この質問に対する回答は，製品のインテグラル度に関する情報を0から100までの連続変数として提供する．また，この質問の利点は，製造業やソフトウェア業を含む全産業に適用できることである．われわれはこの指標の自然対数を用いる．

次に，エンジニアのコーディネーション能力の変数(y_i)を説明する．われわれのデータセットは，エンジニアのコーディネーション能力の2つの重要な要素と密接に関係する情報を含んでいる．第1の要素は知識と技能の共有であり，第2の要素は彼らの意思疎通の有効性である．エンジニアたちが知識と技能を共有し，意思疎通が有効に行われるほど，設計活動の調整はうまくいく．

企業が費用負担する訓練や企業内の技能開発は第1の要素，つまりエンジニア間の知識と技能の共有の最適化にとって明らかに重要である．というのも，関係する知識や技能はたいがい企業特殊的だからである．われわれのデータセットには，企業が費用を負担する訓練についての情報が含まれるので，この情報を第1の要素の代理変数として使用する．より具体的にいうと，エンジニアの能力開発について質問紙が尋ねるのは，① OJT，②企業内における off-JT，③さまざまな種類の製品開発の経験，それぞれの有効性についてである．評価は5段階で，値が大きいほど有効性が高いことを示す．3つの指標すべてを要約して(範囲は5から15)，総合指標を作り，それをエンジニアのコーディネーション能力のレベルの代理変数として用いる．根底にある前提は，これら3つの項目で有効性がより高い社員は，企業が費用を負担する教育訓練や職場のローテーションを通じて，より高水準の企業特殊的な知識や技能を提供する，ということである．

第2の要素であるエンジニア間の意思疎通の有効性を定量化するため，企業内でのエンジニアの平均勤続年数を代理変数とする．根本的な考え方は，エンジニアが企業により長く勤めれば，互いに交流を深めて企業特殊的な用語や表現に長けてくる可能性が高く，ひいては意思疎通の有効性が高まる，というものである．先述の鍵となる変数に加えて，推定において

は製品と企業の特性を Z_i としてコントロールする．

　製品特性については，製品のカスタマイゼーションの度合に関する情報を使用した．企業は市場の一部の顧客の特殊なニーズを満たす製品を設計することによって，その製品の総合的品質を高めることができる．したがって，製品のカスタマイゼーションの度合は製品の総合的品質を決定する鍵となる要因である．

　われわれのデータセットは，製品特殊的な部品の比率と企業特殊的インターフェイスの比率を測る変数を含んでおり，この２つの変数を製品カスタマイゼーションの度合の代理変数として用いる．前者に関して，質問紙は企業の主力製品について製品特殊的な大型部品，零細部品，要素の割合を尋ねている．カスタマイズされた製品を設計するプロセスにおいて，企業は市場の一部の顧客の特殊なニーズに合わせた（つまり製品特殊的な）零細部品や大型部品をしばしば開発し，汎用で既製のものに依存しない．よって，この変数を製品カスタマイゼーションの度合の代理変数として用いる．

　後者について，質問紙は企業の主力製品のキー・コンポーネントに関する（汎用で既製のインターフェイスではない）企業特殊的なインターフェイスの割合を尋ねている．この変数を製品カスタマイゼーションの度合のもうひとつの代理変数として用いることには２つの理由がある．第１に，製品特殊的な部品が別の部品と連結される場合，それらの間のインターフェイスは企業特殊的なものである必要がある．よって，企業特殊的なインターフェイスの割合の高さは，製品特殊的な部品の割合の高さを含意し，高度な製品カスタマイゼーションにつながる．第２に，２つの汎用部品が互いに連結される場合，製品カスタマイゼーションの度合が高くなるのは，それらが汎用インターフェイスによる標準的方法ではなく企業特殊的インターフェイスによる独自の方法で連結されるときである．

　これらの製品特性は，製品を設計するエンジニアのコーディネーション能力とも相関している可能性がある．製品特殊的な部品を設計するエンジニアは，その部品の機能性を最適化するため，他の製品特殊的な部品を担当しているエンジニアと設計活動を調整する必要がある．したがって，高

表 1-2 要約統計量

変数	サンプル数	平均値	標準偏差	最小値	最大値
製造品質	62	7.694	1.338	3	10
顧客満足度	62	7.403	1.396	3	10
製品のインテグラル度	62	40.968	22.757	5	90
平均勤続年数	62	12.761	4.392	6	25.5
人材開発慣行	62	13.065	1.199	9	15
従業員数(対数)	62	6.026	0.947	4.942	10.162
企業年齢(対数)	62	3.922	0.311	3.219	4.575
売上高(対数)	62	7.585	2.345	2.303	13.911
製品特殊的部品の割合	62	47.371	31.597	2	100
製品インターフェイスの開放度	62	54.355	28.277	10	100
機械系製造業ダミー	62	0.435	0.500	0	1
非機械系製造業ダミー	62	0.403	0.495	0	1

度にカスタマイズされた製品を設計する企業は，高いコーディネーション能力をもつエンジニアを擁する可能性が高く，これは前述の2つの変数とエンジニアのコーディネーション能力の間の相関を示唆する．このように，これらの製品特性変数を制御変数として含むことにより，欠落変数によるバイアスの問題に対処する必要がある．

企業の特性については，従業員数，企業の存続年数，売上高，産業の固定効果(機械，非機械，ソフトウェア業)を含めた．以上の変数の要約統計が表1-2に示されている．これらの変数を用いて，最小二乗法により推定する[11]．

第4節 推定結果

最小二乗法の結果は表1-3に示されている．第1列は，製品開発の指標として製造品質を，またエンジニアのコーディネーション能力の指標としては人材マネジメント指標を用いた結果を示す．インテグラル度の対数の係数 β_1 は負であり，(通常の水準で)統計的に有意である．その含意は，エンジニアのコーディネーション能力が低いと，インテグラル度の上昇が

---

[11] 従属変数は1から10の順序尺度で測定される．順序プロビットでも式を推定する．順序プロビットによる結果はすべて最小二乗法によるものと定性的に同質であることを確認する．表1-4をみよ．

(a) コーディネーション能力が低い場合　　(b) コーディネーション能力が高い場合

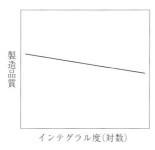 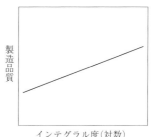

図 1-1　アーキテクチャと製造品質の関係

製品開発の成果を損なうということである．加えて，インテグラル度の対数と人材マネジメントの交差項の係数 β_3 は有意に正である．これは，インテグラル度が上昇し，コーディネーション能力も上昇すると，製品開発の成果が改善されることを示唆する．これらの係数によると，エンジニアのコーディネーション能力の閾値 $B \equiv -\beta_1/\beta_3$ は 12.57 で，変数の定義域 (1 から 15) 内にある．すなわち，インテグラル度の上昇が製品開発のパフォーマンスを高めるのは，コーディネーション能力が 12.57 を超える範囲においてである．回答の約 70% で，この変数の値は閾値よりも高くなっている．この結果はわれわれの理論予測の②の部分を支持する．このように，推定結果はわれわれの理論予測の通りである．

　人材開発慣行の係数 β_2 が有意に負であることに注意しよう．これは，インテグラル度の対数が 0 のとき，人材開発慣行の向上が製品パフォーマンスの低下につながることを含意する．相互作用効果 β_3 を考慮すると，インテグラル度の対数の閾値 $B' \equiv -\beta_2/\beta_3$ は 3.11 である．回答のうち，この変数の値が閾値よりも低いのはわずか 30% である．この結果は以下のことを示唆する．企業が高度にモジュラー型の（インテグラル型でない）製品を開発している場合，人材開発の改善は負の効果をもつであろうということである．人材開発の向上は必ずしもプラスにはならないのである．

　図 1-1 は表 1-3 の第 1 列の推定結果を視覚化したものである．図 1-1 の (a) と (b) はいずれもインテグラル度 (水平軸) と製造品質 (垂直軸) との関

表 1-3　ベースラインの

従属変数：総合的品質	(1) 製造品質	(2) 顧客満足度	(3) 製造品質
製品のインテグラル度(対数)	−5.067** (−2.185)	−5.152** (−2.290)	−3.473*** (−2.747)
人材開発慣行	−1.256** (−2.073)	−1.165* (−1.961)	
製品のインテグラル度(対数)×人材開発慣行	0.403** (2.299)	0.399** (2.292)	
平均勤続年数(対数)			−5.347*** (−3.278)
製品のインテグラル度(対数)×平均勤続年数(対数)			1.494*** (3.035)
従業員数(対数)	−0.377 (−1.451)	−0.229 (−0.920)	−0.269 (−0.983)
企業年齢(対数)	1.004 (0.711)	−0.128 (−0.0812)	0.491 (0.329)
売上高(対数)	0.107 (0.944)	0.0536 (0.532)	0.0892 (0.789)
製品特殊的部品の割合(対数)	0.210 (1.064)	−0.0120 (−0.0580)	0.217 (0.872)
製品インターフェイスの開放度(対数)	−0.180 (−0.785)	0.164 (0.528)	−0.263 (−1.155)
機械系産業	0.437 (0.699)	0.257 (0.422)	0.526 (0.923)
非機械系産業	−0.0859 (−0.138)	0.224 (0.371)	0.0516 (0.0921)
定数	20.91** (2.363)	22.97** (2.415)	19.23** (2.554)
サンプル数	62	62	62
決定係数(R^2)	0.225	0.105	0.238

係を描く．図 1-1(a)は，人材開発慣行で測定されるエンジニアのコーディネーション能力を低い範囲に固定したまま(値は 5 パーセンタイルのものと仮定する)，インテグラル度と製造品質との関係を表す．図 1-1(b)は，同じ関係を表すが，エンジニアのコーディネーション能力を高い範囲に固定してある(値は 95 パーセンタイルのものと仮定する)．エンジニアのコーディネーション能力が低いとき，インテグラル度の上昇は非生産的な結果と関連付けられる．それは製品の品質を低下させるのである．他方，エンジニアのコーディネーション能力が高いと，インテグラル度の上昇は製品の品質を向上させる．この結果はわれわれの仮説にきわめて近いものである．

　パフォーマンス変数の選択のロバストネスを確認するため，製品開発パ

推定結果

(4)顧客満足度	(5)製造品質	(6)顧客満足度
−3.667*** (−2.717)	−6.140*** (1.628)	−6.041*** (1.761)
	−0.856* (0.467)	−0.648 (0.668)
	0.288** (0.141)	0.249 (0.193)
−4.831** (−2.316)	−4.114*** (1.316)	−3.792 (2.367)
1.508** (2.663)	1.072** (0.430)	1.151* (0.669)
−0.146 (−0.575)	−0.287 (0.269)	−0.197 (0.255)
−1.736 (−0.694)	1.331 (1.497)	−0.998 (2.361)
0.0365 (0.366)	0.0950 (0.117)	0.0422 (0.101)
0.00616 (0.0233)	0.188 (0.211)	−0.0438 (0.215)
0.130 (0.431)	−0.260 (0.227)	0.139 (0.307)
0.317 (0.587)	0.458 (0.612)	0.284 (0.587)
0.374 (0.665)	−0.0258 (0.591)	0.384 (0.577)
25.16** (2.483)	24.31*** (6.266)	28.76*** (9.163)
62	62	62
0.100	0.275	0.141

注）カッコ内の数字は標準誤差であり，*** は 1％ 水準で，** は 5％ 水準で，* は 10％ 水準で統計的に有意であることを意味する．

フォーマンスの指標として顧客満足度を利用する．表1-3の第2列がその結果を示す．結果は，統計的有意性と係数の大きさの両方において，第1列の結果ときわめて似ている．われわれの理論予測は開発パフォーマンスの指標選択においてロバストである．

　エンジニアのコーディネーション能力の指標の選択についてもロバストネスを点検する．エンジニアの平均勤続年数がこの能力の測定に用いられる．結果は表1-3の第3列に示されている．人材開発慣行を利用した結果と同様に，インテグラル度の対数の係数は有意に負であり，製品のインテグラル度の対数と平均勤続年数の対数の交差項の係数は有意に正である．製品開発のパフォーマンスの指標として顧客満足度を利用すると，同

表 1-4　順序プロビットによる

従属変数：総合的品質	(1) 製造品質	(2) 顧客満足度	(3) 製造品質
製品のインテグラル度(対数)	−5.645** (2.454)	−5.711*** (2.157)	−4.339*** (1.459)
人材開発慣行	−1.518** (0.666)	−1.370** (0.577)	
製品のインテグラル度(対数)×人材開発慣行	0.449** (0.186)	0.437*** (0.165)	
平均勤続年数(対数)			−6.784*** (1.895)
製品のインテグラル度(対数)× 平均勤続年数(対数)			1.842*** (0.559)
従業員数(対数)	−0.232 (0.198)	−0.214 (0.183)	−0.137 (0.202)
企業年齢(対数)	0.941 (1.359)	−0.257 (1.296)	0.793 (1.616)
売上高(対数)	0.0991 (0.0880)	0.0586 (0.0730)	0.0822 (0.0896)
製品特殊的部品の割合(対数)	0.172 (0.148)	−0.0690 (0.154)	0.152 (0.173)
製品インターフェイスの開放度(対数)	−0.111 (0.198)	0.161 (0.225)	−0.231 (0.194)
機械系製造業	0.479 (0.422)	0.175 (0.413)	0.634 (0.415)
非機械系製造業	−0.0685 (0.440)	0.242 (0.426)	0.173 (0.419)
サンプル数	62	62	62
対数尤度	−83.25	−99.09	−80.89

様な結果が得られる(表 1-3, 第 4 列).

さらに，エンジニアのコーディネーション能力の代理変数を両方，同時に回帰分析に取り入れて，その効果を完全に把握する．結果は表 1-3 の第 5 列に示されている．各パラメーターの大きさはわずかに変わる．しかし，正負の符号と有意性は変わらない．製品のインテグラル度の対数の係数は依然として有意に負であり，双方の代理変数(人材開発慣行と平均勤続年数の対数)との交差項は有意に正である．表 1-3 の第 6 列は，製品開発のパフォーマンスの指標として顧客満足度を用いたときの結果を示す．しかしながら，交差項の係数については，人材開発とアーキテクチャの対数の間の交差項の係数だけが有意である．製品のインテグラル度の対数と平均勤続年数の対数との間の交差項の係数は，有意ではなくなるが，正のま

推定結果

(4)顧客満足度	(5)製造品質	(6)顧客満足度
−4.242*** (1.480)	−8.198*** (2.021)	−7.951*** (2.272)
	−1.273*** (0.482)	−1.043* (0.558)
	0.377*** (0.138)	0.341** (0.156)
−5.501*** (2.033)	−5.761*** (1.441)	−4.746*** (1.813)
1.692*** (0.589)	1.463*** (0.450)	1.409*** (0.542)
−0.148 (0.177)	−0.109 (0.199)	−0.173 (0.180)
−1.824 (2.104)	1.763 (1.662)	−1.137 (2.024)
0.0372 (0.0713)	0.0915 (0.0934)	0.0470 (0.0728)
−0.0765 (0.185)	0.151 (0.167)	−0.121 (0.169)
0.120 (0.224)	−0.236 (0.196)	0.146 (0.227)
0.272 (0.369)	0.539 (0.421)	0.212 (0.389)
0.493 (0.423)	−0.0107 (0.422)	0.446 (0.407)
62	62	62
−98.67	−78.92	−96.57

注)カッコ内の数字は標準誤差であり，*** は1％水準で，** は5％水準で，* は10％水準で統計的に有意であることを意味する．

まである．まとめると，エンジニアのコーディネーション能力の指標を両方とも含めても，われわれの検証可能な予測は依然として支持される．

　総合的品質は順序尺度で測定されている．このため，順序プロビットにより式を推定する．その結果は表1-4に示され，最小二乗法による結果と定性的に似たものとなっている．インテグラル度の対数の係数は有意に負である．交差項の係数は，製造品質と顧客満足度の両方をパフォーマンス変数とし，人材開発慣行と平均勤続年数の対数をエンジニアのコーディネーション能力の指標として用いた特定化の場合，有意に正である．最小二乗法の結果との重要な違いは表1-4の第6列に示されている．順序プロビットによる推定では，製品のインテグラル度の対数と2つの代理変数（人材開発慣行と平均勤続年数の対数）双方との交差項が有意に正である．

要約すると，説明変数および推定プロセスの選択にかかわらず，2つの理論予測は統計的検定によってロバストに支持されるのである．

第5節　結論と経営に対する含意

　製品アーキテクチャにおけるインテグラル度は，製品の品質に対してどのように影響を及ぼすのか．この問題に取り組むため，われわれはシステム・レベルの品質と部品レベルの品質とを区別し，重要なトレードオフが存在すると想定した．つまり，製品のインテグラル度が高まると，システム・レベルの品質は向上するが，(エンジニアの設計活動のコーディネーション能力を考慮すると)部品設計における相互依存の増大に伴う問題がもたらされる可能性がある．調整不足の度合が高いとサブシステムにおける品質問題の数が増加するという Gokpinar, Hopp, and Iravani (2010) の結果と同様に，われわれのモデルは，製品のインテグラル度が高いと，エンジニアのコーディネーション能力が不十分である場合には，部品レベルの品質が低下すると仮定する．インテグラル度が高いと製品のシステム・レベルの品質が高まるが，おそらく部品設計における相互依存の増大という好ましくない状況が生じることになる．われわれの仮説は，エンジニアのコーディネーション能力が比較的高い場合，前者の(正の)効果が後者の(負の)効果を凌駕するため，インテグラル度の高さは製品の総合的品質を高めるが，エンジニアのコーディネーション能力が比較的低い場合には逆の結果が生じる，というものである．この仮説は，われわれが日本で行った企業レベルの調査で得られた独自のデータを分析した結果，実証的に支持されることがわかった．

　本章の分析は，製品設計に関する戦略的意思決定を行う経営者にとって重要な含意をもつ．すなわち，企業は自社製品の市場での位置づけを考える際に，製品アーキテクチャと組織的コーディネーションとの結びつきを考慮しなくてはならないのである．製品のインテグラル度は，製品のターゲットとなる市場セグメントの性質と密接に結びついていなくてはならない．より高いシステム・レベルの品質を求める消費者をターゲットにする

製品の設計を決断する場合，企業は製品のインテグラル度を高くすることでこの要件を満たすことができる．しかし，そのような決定を下すとき，企業はエンジニアが設計活動を調整する能力を慎重に吟味しなくてはならない．なぜなら，コーディネーション能力が不十分であると，製品のインテグラル度の高さは製品の部品レベルの品質を低下させるかもしれないからである．そのような場合，企業はエンジニアのコーディネーション能力を向上させるためにかなりの投資を行う必要があるかもしれず，このことは，企業がターゲットにする市場の一部から利益を得られない可能性を示唆する．そうすると，企業はシステム・レベルの品質が低くてもかまわない別の市場セグメントをターゲットにする方がよい，という可能性がある．

組織のコーディネーションについて，本章はエンジニアたちの間の企業内コーディネーションに焦点を当ててきた．しかし，製品設計に関する企業の戦略的意思決定を考えると，複数の企業のエンジニアの間の企業間コーディネーションも大切である．なぜなら，企業はしばしば設計活動の一部を外注するからである．しかし，残念ながら企業間コーディネーションと設計活動の外注を分析枠組みに明示的に取り込んだ，製品アーキテクチャと組織的調整との結びつきの分析は本章の射程外にある．

補　論

この補論は，第2節で言及した結果の証明を示す．

われわれは $\partial Q(x,y)/\partial x = G'(x) + \partial L(x,y)/\partial x$ と仮定した．したがって，第1, 第2, そして第4の仮定を合わせると，すべての $x \in [0, \eta]$ に対して，$\partial Q(x,0)/\partial x < 0$ および $\partial Q(x,\lambda)/\partial x > 0$ となる．このとき，$G(x)$ と $L(x,y)$ はいずれも連続微分可能な関数であると仮定されているため，以下の①および②を満たす $\lambda-$ と $\lambda+ (<\lambda')$, $0 < \lambda- \leq \lambda+ < \lambda$ の値が存在する．① $y \in [0, \lambda-)$ ならば，すべての $x \in [0, \eta]$ に対して $\partial Q(x,0)/\partial x < 0$ となる．② $y \in (\lambda+, \lambda)$ ならば，すべての $x \in [0, \eta]$ に対して $\partial Q(x,0)/\partial x > 0$ となる．次に，すべての $y \in [0, \lambda']$ に対して $G''(x) = \partial 2L(x,y)/\partial 2x = 0$ で

あると仮定する．第3の仮定により，$y' \in (0, \lambda')$ の値が存在し $y <(=, >) y'$ のとき，すべての $x \in [0, \eta]$ に対して $\partial Q(x, y)/\partial x <(=, >) 0$ である．

第2章 製品アーキテクチャと人材マネジメント
——企業レベルでの日中韓比較——

第1節　はじめに

　前章で述べたように，近年，製品アーキテクチャという考え方が興隆し，これを鍵概念とした実証分析が盛んになってきた．部品の組み合わせのルールを基本設計段階で決めて，開発・製造の際にそのルールに従って部品を組み合わせるのがモジュラー型(組み合わせ型)である．他方，部品の組み合わせのルールを基本設計では確定せずに，開発・製造の際に各部品間・各部門間の調整(擦り合わせ)を行うのがインテグラル型(擦り合わせ型)である．また，部品間のインターフェイス設計規則が企業内に閉じられているクローズ型と企業の枠を超えて汎用的に調達されるオープン型とがある．藤本(2004)によれば，米国企業はオープン・モジュラー型に強く，日本企業はクローズド・インテグラル型に競争優位がある．そして，この観点から，ミクロ・レベルでの製品開発の分析のみならず，産業別・各国別分析へと研究は進展している(藤本・新宅編著，2005など)．

　しかしながら，この方向での研究には以下のような未解明な点ないしは不十分な点がある．まず第1に，製品開発に関する先行研究は，製品アーキテクチャと製品開発組織の構造，および製品開発プロセスについては，有意義な解明を行ってきたが，そのプロセスを動かす人材の問題を分析していない．Clark and Fujimoto(1991)や延岡(1996)などによる，主に自動車企業における製品開発に関する国際比較研究は，Chesbrough, Vanhaverbeke, and West, eds.(2006)やGawer and Cusumano(2002)など，欧米での諸研究とともに，この分野を代表する先行研究である．しかしながら，製品開発を実際に担うエンジニアの人材マネジメントの実態

という重要な側面については，先行研究の大半の対象外であった[1]．本章は，「ヒト」の仕事と管理の実態という，先行研究の未解明部分を明らかにしようとするものである．

第2に，製品アーキテクチャと企業の競争優位性との関連を分析する際に，どのような人材マネジメントが選択された製品アーキテクチャを活かし得るのか，いわば製品アーキテクチャとマネジメントとの間の「補完性」という視点からの分析が不十分である．藤本(2004)がいうように，アメリカ企業はオープン・モジュラー型に強く，日本企業はクローズド・インテグラル型に競争優位があるとしても，その製品アーキテクチャは，いったいどのような制度や慣行と組み合わさったときに高い成果を上げ得るのだろうか．この問題は，近年，Milgrom and Roberts(1992)やRoberts(2004)などによる「組織の経済学」の領域で解明が進んでいる．その成果を最大限に投入して，製品アーキテクチャと人材マネジメントとの間の補完性の有無を定量的に分析する必要がある．

本章の目的は，前章での分析を踏まえ，製品アーキテクチャと人材マネジメントとの間の補完性に焦点を絞り，その実証分析を試みることにある．

第2節　調査の方法とデータの説明

本章で使用するのは，前章でその一部(日本のみ)を使用した日中韓3か国の企業を対象とする質問紙調査データである．3か国における母集団，回収標本，ならびに回収率の状況は表2-1で報告されている．調査方法は，日本に関しては，郵送調査法(全国)による．調査対象は，製造業とソ

---

[1] われわれの知る例外的先行研究は，河野(2009)である．この研究は，自動車産業における部品メーカーから完成車メーカーへのゲストエンジニアの派遣を通じた人材育成という事象を，部品メーカー側の製品アーキテクチャという視点を踏まえて分析した貴重な業績である．この研究と本章との相違は，同じく製品アーキテクチャという視点を踏まえつつ，第1に，「ホスト」側(つまり中核企業側)をも含む企業全体のエンジニアの人材マネジメントを日中韓比較したという点であり，第2に，製品アーキテクチャと人材マネジメントとの間の補完関係を分析したという点である．ただし，部品サプライヤーとの企業間関係の詳細な分析は今後の課題としたい．

表 2-1　母集団と標本

(a) 日本

		母集団数	回収標本数	回収率(%)
	全体	3,504	104	3.0
従業員数別	300人未満	1,345	50	3.7
	300〜499人	882	24	2.7
	500〜999人	666	18	2.7
	1,000人以上	611	12	2.0
業種別	製造業	3,115	89	2.9
	ソフトウェア業	389	15	3.9

注1) サンプル・フレームは「東京商工リサーチ企業情報データベース」である.
　2) 従業員数185人以上の企業に限定した.

(b) 韓国

		母集団数	回収標本数	回収率(%)
	全体	738	140	19.0
従業員数別	300人未満	69	38	55.1
	300〜499人	354	34	9.6
	500〜999人	194	40	20.6
	1,000人以上	121	28	23.1
業種別	製造業	656	121	18.4
	情報通信業	82	19	23.2

注1) サンプル・フレームは『事業体基礎統計』(2008年)である.
　2) 従業員数は,製造業300人以上,情報通信業150人以上の企業に限定した.なお,この年の上記統計の産業分類には「ソフトウェア業」はなかった.

(c) 中国

地域	業種	母集団数	ランダム抽出数	回収標本数	回収率(%)
上海	製造業	5,558	487	35	7.2
	ソフトウェア業	188	57	5	8.8
北京	製造業	9,792	403	30	7.4
	ソフトウェア業	206	132	10	7.6
広州	製造業	27,481	528	35	6.6
	ソフトウェア業	117	52	5	9.6
深圳	製造業	17,215	341	30	8.8
	ソフトウェア業	9	0	0	0.0

注1) サンプル・フレームは,『中国企業年鑑データ版』(上海),および国家工商行政管理総局の企業リスト(北京,広州,深圳)である.
　2) 従業員数は,製造業300人以上,ソフトウェア業50人以上の企業に限定した.

フトウェア業に属する従業員数 185 人以上の民間企業である(全数).調査区域は全国で,サンプル・フレームとしては,「東京商工リサーチ企業情報データベース」を利用した.調査期間は 2010 年 3 月 1 日から 3 月 12 日までであった.回収状況は表 2-1(a)の通りである.

韓国における調査対象は製造業(300 人以上)と情報通信業(150 人以上)に属する民間企業である(全数)[2].調査区域は全国で,サンプル・フレームとしては,『事業体基礎統計』(2008 年)を利用した.調査方法は企業調査を専門とする調査員による訪問面接法で,調査期間は 2010 年 7 月 8 日から 10 月 4 日までであった.回収状況は表 2-1(b)の通りである[3].中国では,予算制約から調査区域を全国とすることを断念し,上海,北京,広州,深圳の 4 地域調査とした.サンプル・フレームは,上海に関しては『中国企業年鑑データ版』,北京,広州,深圳に関しては,国家工商行政管理総局の企業リストを用いた(無作為抽出).調査方法は,企業調査を専門とする調査員による訪問面接法で,調査期間は 2010 年 8 月 14 日から 10 月 15 日までであった.回収状況は表 2-1(c)の通りである.

第 3 節　製品アーキテクチャと人材マネジメント
　　　　――3 か国の概観

1　製品アーキテクチャ

本章の冒頭で述べたように,製品アーキテクチャには,機能と部品との関係が 1 対 1 に近いモジュラー型と,機能群と部品群との関係が錯綜しているインテグラル型とがある.

この分類は明快だが,これを実証的に指標化して捉えることは容易ではない.そこで,前章でも述べたように,次のような質問文を用意した.「主力製品または情報システムの開発(量産開始時点までを指します)におい

---

[2]　サンプル・フレームとして用いた『事業体基礎統計』が 2008 年版であるため,その後の雇用変動のために,製造業企業でも結果的に 300 人未満の企業が含まれた.

[3]　回収率は平均で 19.0% と日本よりかなり高い.これは企業調査を専門とする調査員による訪問面接法を採用したためである.なお,「人事制度と人材マネジメント」の節を人事部門長に,「製品開発」の節を製品開発部門長に質問するという調査票の構成は日本と同じである.

て，要求機能を実現するために「キー・コンポーネント」の設計パラメーターを最適化するのに必要だった工数は，全開発工数を 100% とするとどの程度でしたか？」——つまり，結果からみて，この工数が低ければ，機能と部品との関係が相対的に単純であり(モジュラー寄り)，この工数が高ければ，機能と部品との関係が相対的に複雑である(インテグラル寄り)と判断することにした[4]．より具体的には，分布を 25 パーセンタイルで 4 区分し，第 1～2・4 分位をモジュラー寄り，第 3～4・4 分位をインテグラル寄りとみなした．

　モジュラー寄りとインテグラル寄りの全体的状況は表 2-2 に掲げている．日本と韓国は，モジュラー寄りとインテグラル寄りの比率がほぼ半々で，中国はモジュラー寄りが多い．

　次に製品アーキテクチャと相関する要因をみよう．日本企業(表 2-2(a)参照)に関しては，インテグラル寄りであるのは，500 人以上の中堅・大企業などである．逆に，モジュラー寄りであるのは，ソフトウェア業である．韓国企業の状況は表 2-2(b)で報告されている．韓国では，製造業の機械系か否かなどはインテグラル寄りであるかどうかに無関係である．中国企業(表 2-2(c)参照)では，製造業もソフトウェア業もすべてモジュラー寄りであり，ソフトウェア業でその傾向がさらに強い．

　以上から何がいえるだろうか．まず第 1 に，3 か国を比較すると日本と韓国でモジュラー寄りとインテグラル寄りの割合がほぼ半々であったのに対し，中国ではモジュラー寄りの割合が高かった．中国ではインターフェイスのオープン志向もそれなりに強い(表は省略)ことから，藤本・新宅編著(2005)の仮説，すなわち「中国製造業＝疑似オープン・アーキテクチ

---

[4]　先行研究である貴志・藤本(2010)では，日本企業 19 社 97 製品のデータを用いて製品アーキテクチャの指標化を行っている．製品アーキテクチャの特性に関する 13 の質問文を用意して，これに対して「全くその通り」＝5 から「全く違う」＝1 の 5 段階評価で回答を求めている．その結果 97 製品のうち 89 製品が回答 4 または 5(つまり，インテグラル寄り)を選択している．このようにインテグラル寄りの回答がきわめて多数を占めたのは，サンプル・セレクション・バイアスという問題のほか，質問文の中に，「すでに設計済みの業界標準部品や社内流用部品の寄せ集めでは，商品力のあるまともな製品は出来ない」や「この製品の要求機能を実現するためには，生産工程の制御パラメーターを互いにきめ細かく相互調整する必要がある」など，回答者が感じるかもしれない価値判断的表現(傍点は引用者)が含まれていることによると推察される．筆者らは貴志・藤本(2010)に多くのことを学んだが，調査に際しては，価値中立的表現に極力努めた．

表 2-2 製品アーキテクチャの分布状況

(a) 日本 (%)

		回答件数	モジュラー寄り 第1~2・4分位	インテグラル寄り 第3~4・4分位
全体		75(100%)	50.7	49.4
従業員数別	300人未満	35(100%)	45.7	54.2
	300~499人	16(100%)	62.6	37.6
	500~999人	16(100%)	43.8	56.3
	1,000人以上	8(100%)	62.5	37.5
業種別	製造業	64(100%)	48.5	51.6
	うち機械系	33(100%)	51.5	48.5
	うち機械系以外	31(100%)	45.2	54.8
	ソフトウェア業	11(100%)	63.7	36.4

(b) 韓国 (%)

		回答件数	モジュラー寄り 第1~2・4分位	インテグラル寄り 第3~4・4分位
全体		132(100%)	50.0	50.0
従業員数別	300人未満	36(100%)	52.8	47.2
	300~499人	32(100%)	43.8	56.3
	500~999人	39(100%)	53.8	46.1
	1,000人以上	25(100%)	48.0	52.0
業種別	製造業	114(100%)	50.0	50.0
	うち機械系	72(100%)	50.0	50.0
	うち機械系以外	42(100%)	50.0	50.0
	情報通信業	18(100%)	50.0	50.0

(c) 中国 (%)

		回答件数	モジュラー寄り 第1~2・4分位	インテグラル寄り 第3~4・4分位
全体		150(100%)	57.4	42.7
従業員数別	300人未満	11(100%)	100.0	0.0
	300~499人	99(100%)	49.5	50.5
	500~999人	25(100%)	72.0	28.0
	1,000人以上	15(100%)	53.3	46.7
業種別	製造業	130(100%)	55.4	44.6
	うち機械系	31(100%)	58.1	41.9
	うち機械系以外	99(100%)	54.5	45.5
	ソフトウェア業	20(100%)	70.0	30.0

ャ」という仮説に近い結果である(ただし,「疑似」であるか否かの検証は本章のデータではできない).しかしながら第2に,中国でも,日本と韓国でも,同一業種や同一企業規模であっても,モジュラー寄りとインテグラル寄りにはばらつきがあり,ある製品アーキテクチャが支配的ということはない.つまり,製品アーキテクチャは産業特性などによって外生的に決定されるものではなく,いくつかの環境条件がそろったときに企業が戦略的に選択していると考えられる.

2 人材マネジメント

3か国の人材マネジメントの方法・慣行の大きな相違がどのようなものかをみよう.まず採用方法の相違として,新規学卒による内部育成重視か中途採用重視かがある(図2-1).日本が新卒重視,中国が中途採用重視という両極にあり,韓国は日本に近い形でその中間にある.

次に,能力開発の方法に関して,OJTの重視度とoff-JTの重視度とをみてみよう.エンジニアの能力開発において「先輩や上司の指導」(OJTを通じた教育訓練の典型例と思われる)を100%近い日本企業が「有効である」と答えたのに対して,韓国・中国企業では9割を切る.しかし,OJTに関しては3か国の企業とも重視していることに変わりはない(図2-2).異なるのはoff-JTに対する態度である.「大学院等への派遣」で測ったoff-JTの重視度に関しては,日本企業の評価が低いのに対して,韓国・中国の順で評価が高くなることである(図2-3).

こうした能力開発の方法の相違という現象をどう考えるべきだろうか.この現象は,新規学卒による内部育成重視か中途採用重視かという問題と密接に関連するように思われる.より一般的にいえば,内部労働市場志向か外部労働市場志向かに応じて,教育訓練投資の充実度と方法の相違が現れるという問題である.

日米比較を目的とするMorita(2001)の理論分析によれば,こうした現象は以下のように説明される.ある産業における企業が,改善を積み重ねて既存の技術を少しずつ向上させていくと,技術の企業特殊性が高まっていく.すると,従業員は企業特殊性の高い技術をOJTで身につけてい

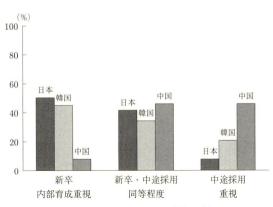

図 2-1　新卒採用重視か中途採用重視か

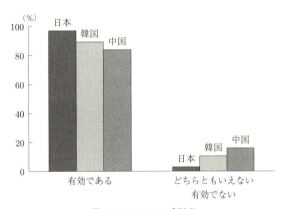

図 2-2　OJT の重視度

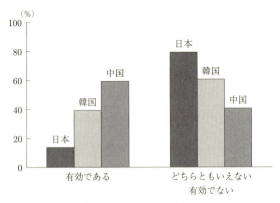

図 2-3　off-JT の重視度

くことになり，技能の企業特殊性も高まる．技能における企業特殊性の高まりは，離職率を引き下げ，低い離職率は，翻って各企業の教育訓練投資の意欲を高める(日本型均衡)．その一方で，企業の改善活動が活発でなく，そのため技術およびその従業員の技能の企業特殊性が低く，それが離職率の高さとOJTを通じた教育訓練投資の低さにつながる(米国型均衡)．こうした複数均衡の存在により日米間の違いが説明されている．

このロジックは，外部労働市場への志向性の高い中国や韓国と，その志向性の低い日本との相違にも応用できよう．図2-1のように，中途採用の重視度も，中国，韓国，日本という順番である．これとは対照的に，OJTの重視度はその逆順(日本，韓国，中国)となる．以上から，OJTを重視しつつも，即効的に技能を身につけさせる必要から，企業内教育訓練の不足を補うものとしてoff-JTが中国や韓国で重視されるといえよう．

第4節　補完性は存在するか──計量経済分析

ここまでは，製品アーキテクチャと人材マネジメントとをそれぞれ別個に論じてきた．両者の組み合わせにはどのようなパターンがあり，どのような組み合わせのときに開発パフォーマンスが高い(または低い)のだろうか．以下，この問題を検討する．その際の鍵概念は「補完性」である．

1　補完性の定義

Milgrom and Roberts(1992)によれば，ある制度・慣行を単独で導入するよりも同時に導入する場合にパフォーマンスが向上するとき，当該制度・慣行間に「補完性」が存在するという．あるいは，Roberts(2004)の言葉を引用すれば，「任意の対をなす2つの選択変数について，その一方を(より多く)実行することによって，他方を(より多く)実行することから生ずる収穫が増加する場合，これらの変数は補完的であるという」(p.31．傍点は原著者).

本章のテーマに即していえば，これは，図2-4のような関係がみられるか否かを問うことである．すなわち，製品アーキテクチャをインテグラ

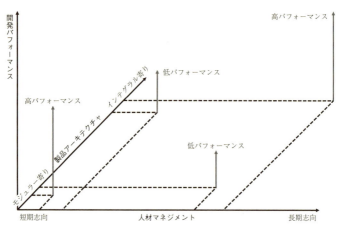

図 2-4 製品アーキテクチャ，人材マネジメント，開発パフォーマンスの3者関係(3次元図)

ル寄りにし，人材マネジメントを長期志向にするとき，または製品アーキテクチャをモジュラー寄りにし，人材マネジメントを短期志向にするとき，開発パフォーマンスは高い．そして，これとは異なる組み合わせを実行する場合，開発パフォーマンスは低くなる——はたして，こうした関係が確認できるだろうか．

2 等高線図による観察

先の図 2-4 のような3次元図では，サンプル・サイズの大きくない本章のデータでは明瞭なパターンを描くことは困難である．そこで，それを2次元にした等高線図によって，製品アーキテクチャ，人材マネジメント，開発パフォーマンスの3者関係を観察してみよう．

その前に，変数の作り方について解説しておく(表 2-3 参照)．これまでに述べてきたように，本章の鍵となる変数は，開発パフォーマンス，製品アーキテクチャ指標，人材マネジメント指標の3つである．まず開発パフォーマンスに関しては，次の質問への回答を用いている．すなわち，「主力製品または情報システムについて，自社の開発パフォーマンスを業界最高水準と対比してどのように評価していますか．業界最高水準を10として，10段階で評価してください」．評価項目は，①製造品質，②開発

リードタイム・生産性，③総合商品力・顧客満足度，の3つである．3か国平均で7.9～8.3という値をとっている[5]．なお，本章でいう開発パフォーマンスは，前章での総合的品質と同じ変数である．しかし，補完性の分析であるから，品質ではなくパフォーマンスと表現した．

次に，製品アーキテクチャ指標に移る．これは，すでに述べた「主力製品または情報システムの開発(量産開始時点までを指します)において，要求機能を実現するために「キー・コンポーネント」の設計パラメーターを最適化するのに必要だった工数は，全開発工数を100％とするとどの程度でしたか？」という質問に対する回答(1～100)を-1から1の区間上に変換することにより作成した．

最後に，人材マネジメント指標である．これは，まず企業ごとに基準化された平均勤続年数(エンジニアの平均勤続年数を平均年齢で除した値)を計算し，その平均勤続年数を製品アーキテクチャと同じ方法により，最小値と最大値が-1から1をとるような変数に変換することにより作成した．

こうした変換の目的は，製品アーキテクチャ指標と人材マネジメント指標との交差項をとるときに，「インテグラル寄り$(+1)$×長期勤続志向$(+1)=1$」，または「モジュラー寄り(-1)×短期勤続志向$(-1)=1$」になるようにするためである．実際，表2-3にみるように，交差項の最小値は-0.966，最大値は0.865という-1または1に近い値をとっている．

以上，3つの変数を使い等高線図を描いてみよう．図2-5は補完性が最も明瞭にみられる場合の仮想図である．色の濃い領域は，通常の地図と同様に標高が高いことを意味する．すなわち，「インテグラル寄り$(+1)$×長期勤続$(+1)$」の北東方向と「モジュラー寄り(-1)×短期勤続(-1)」の南西方向で開発パフォーマンスが高く，それ以外の領域で開発パフォーマンスが低い．

では，実際のデータを使えばどうなるだろうか[6]．図2-6は日本のケー

---

[5] このパフォーマンス指標は主観的なものにすぎないという批判があり得よう．しかし本章で分析するのは「売上高への寄与率が最も高かった製品・情報システム」の開発パフォーマンスである．これに関しては，企業全体の売上高や経常利益のような客観的指標は利用できないため，主観的指標を利用した．

[6] 以下では，開発パフォーマンスとして「製造品質」を使う．

表 2-3　要約

開発パフォーマンス：製造品質
開発パフォーマンス：リードタイム・生産性
開発パフォーマンス：総合商品力・顧客満足度
製品アーキテクチャ指標(−1(モジュラー寄り) ⇔ +1(インテグラル寄り))
人材マネジメント指標(−1(短期勤続志向) ⇔ +1(長期勤続志向))
製品アーキテクチャ指標と人材マネジメント指標との交差項
機械系製造業ダミー(ベースはソフトウェア業)
非機械系製造業ダミー(ベースはソフトウェア業)
製品特殊的部品使用率指標
製品インターフェイス・オープン/クローズ度指標
新卒採用重視ダミー(新卒重視=1)
金銭的インセンティブ重視度(5段階変数)
off-JT(大学院等への派遣)重視度(5段階変数)
職能資格制度採用ダミー(採用している=1)
全社一律の人事制度採用ダミー(一律である=1)
機能別組織ダミー(機能別である=1)
注文生産ダミー(注文生産=1)
企業全体の売上高(対数)
企業設立後経過年数(実数)
従業員数(対数)

スである．北東と南西の領域でパフォーマンスが高いようにみえる．しかし，その他の領域でもパフォーマンスの高い企業が存在する．次に韓国のケースに移ろう(図2-7)．北東と南西の領域でパフォーマンスが高いようであるが，「インテグラル寄り(+1)×長期勤続(+1)」の近傍には企業が存在しない．この点は日本と大いに異なる．図2-8は中国のケースである．中国でも，「インテグラル寄り(+1)×長期勤続(+1)」の近傍には企業が存在しない．加えて，北東と南西の領域でパフォーマンスが高いという関係も明確ではない．ただし，中間的な領域でパフォーマンスが低いことはうかがえる．以上から，等高線図をみる限り，補完性に関して日本が最も明確で韓国がそれに次ぎ，中国ではあまり明瞭ではないといえる．

3　推定戦略と結果

以上の等高線図は，3つの変数以外には何も考慮(コントロール)してい

第2章 製品アーキテクチャと人材マネジメント——47

統計量

サンプル数	平均値	標準偏差	最小値	最大値
379	8.317	1.605	1	10
379	7.900	1.597	1	10
379	8.092	1.458	1	10
357	−0.122	0.469	−1	1
379	−0.475	0.498	−1	1
353	0.051	0.355	−0.966	0.865
394	0.376	0.485	0	1
394	0.487	0.500	0	1
362	52.721	25.419	2	100
349	48.676	25.846	2	100
394	0.320	0.467	0	1
392	1.679	0.685	1	5
392	2.737	0.887	1	5
394	0.335	0.473	0	1
394	0.721	0.449	0	1
394	0.619	0.486	0	1
394	0.640	0.481	0	1
356	8.702	2.584	2.303	16.213
394	3.059	0.845	0	4.575
394	6.105	0.816	3.912	10.162

ない．そこで，計量経済分析によって，他の要因をコントロールした後に，製品アーキテクチャと人材マネジメントとの組み合わせが実際に開発パフォーマンスに影響しているか否かをみよう．

具体的には以下の式を推定する．

$$performance_i = \alpha + \beta_1 architecture_i + \beta_2 HRM_i$$
$$+ \beta_3 (architecture_i \times HRM_i) + \varepsilon_i$$

まず，左辺の $performance_i$ は，企業 i の開発パフォーマンス指標である．前節で述べた3種類の開発指標をそれぞれ使用して推定を行う．次に，右辺の $architecture_i$ は，企業 i の製品アーキテクチャ指標である．さらに HRM_i は，企業 i の人材マネジメント指標である．

さて，補完性を捉える上で最も注目すべきは，$architecture_i$ と HRM_i との交差項（$architecture_i \times HRM_i$）である．これは定義上，製品アーキテ

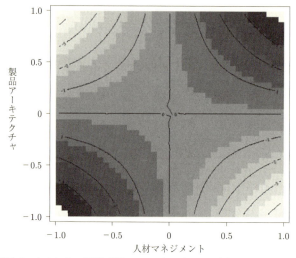

注）製品アーキテクチャ指標に関して −1 はモジュラー寄りで +1 はインテグラル寄りを意味する．また，人材マネジメント指標に関して −1 は短期勤続志向で +1 は長期勤続志向を意味する．

図 2-5 製品アーキテクチャ，人材マネジメント，開発パフォーマンスの 3 者関係（等高線図）

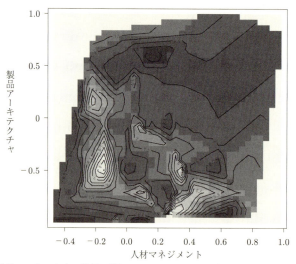

注）製品アーキテクチャ指標に関して −1 はモジュラー寄りで +1 はインテグラル寄りを意味する．また，人材マネジメント指標に関して −1 は短期勤続志向で +1 は長期勤続志向を意味する．

図 2-6 等高線図——日本

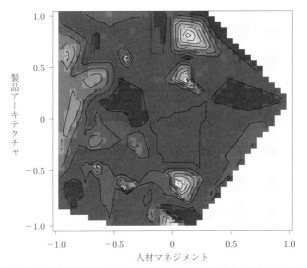

注)製品アーキテクチャ指標に関して −1 はモジュラー寄りで +1 はインテグラル寄りを意味する.また,人材マネジメント指標に関して −1 は短期勤続志向で +1 は長期勤続志向を意味する.

図 2-7　等高線図——韓国

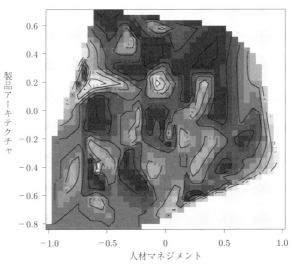

注)製品アーキテクチャ指標に関して −1 はモジュラー寄りで +1 はインテグラル寄りを意味する.また,人材マネジメント指標に関して −1 は短期勤続志向で +1 は長期勤続志向を意味する.

図 2-8　等高線図——中国

クチャと人材マネジメントとが最も適切に組み合わさったとき，つまり「モジュラー寄り×短期勤続志向」，または「インテグラル寄り×長期勤続志向」のときに1に近い値をとり，それとは逆の組み合わせのときに −1 に近づく指数となる．仮説によると，製品アーキテクチャと人材マネジメントとが補完的であるとき，開発パフォーマンスは高まる．それゆえ，この仮説が正しければ，補完性指標の係数である β_3 は正の値が得られると考えられる．

基本的な推定戦略は以上であるが，この補完性がもたらす効果を正確に測定するため，推定式を調整する必要がある．というのも，人材マネジメントや製品アーキテクチャは，われわれが想定する経路以外の経路を通じて開発パフォーマンスに影響する可能性があるからである．つまり他の経路を制御しないと正しく仮説を検証できない．

こうした関係は，図2-9のように描くことができる．われわれの仮説では，製品アーキテクチャが製品市場要因と経営組織によって選択されるとしている．次に，この製品アーキテクチャが人材マネジメントと補完関係に入ることで開発パフォーマンスに影響すると考える．こうした経路は図2-9において実線で示されている．つまり，この実線で示された経路が存在するか否かを検定することが課題となる．けれども，当然のことながら，市場要因や経営組織は，実線で描いた経路のように製品アーキテクチャを通じてのみならず，それぞれ独立に開発パフォーマンスに影響している可能性がある．この経路は破線で示されている．

実線を通じた経路を正しく同定するためには，破線で示された経路を制御する必要がある．そのため，製品特性，人事制度・人事慣行，市場要因および企業特性に関する諸変数を推定式に導入し，これらの効果を制御することを試みた（使用変数の要約統計量は表2-3を参照されたい）．具体的なコントロール変数は，表2-4のB, C, D, E, Fの項目に示されたものである．

また，計量分析においては，日本，中国，韓国の企業データをすべてプールした上で，中国企業ダミー，韓国企業ダミーを作成し，それらと補完性指標との交差項を導入することで日本企業をベンチマークとして各国ごとの補完性効果を推定することを試みた．

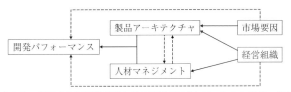

注) われわれの想定する因果連鎖は上記の実線で示される．しかし当然，経営組織，市場要因は，製品アーキテクチャ選択を通さず直接的に製品パフォーマンスを左右し得る(破線経路を明示的に制御する必要あり)．

図 2-9　推定モデルの基本構造

推定結果は表 2-4 に掲げられている．推定は 3 つの開発パフォーマンス指標(製造品質，リードタイム・生産性，総合商品力・顧客満足度)それぞれについて行われ，その結果が各列に示されている．まず，1 列目の「製品アーキテクチャ指標と人材マネジメント指標との交差項(日本, ベース)」に示された係数は，日本における補完性指標の係数である．これについては 3 つすべての開発パフォーマンス指標について正で有意な結果が得られている．これはつまり，日本においては製品アーキテクチャと人材マネジメントとが適切な組み合わせになると開発パフォーマンスが高まる関係があることを意味している．仮説と整合的な結果といってよい．

続いて韓国については，このベースライン推定値と 2 行目の「(×韓国ダミー)」の係数の和で評価する．その結果は，表 2-4 の最下部「製品アーキテクチャ指標と人材マネジメント指標との補完性係数」の韓国の項に示されている．たとえば，ベースラインの係数は表の 1 行目に示された通り 8.368 であり，また韓国ダミーとの交差項の係数は 2 行目の通り，-6.576 である．したがって韓国における補完性効果の係数はその和の 1.791 と正の値が得られており，その値が表の最下部に示されている．ただし，この推定値は F 検定の結果，統計的に 0 であることを棄却できない．したがって，韓国において製品アーキテクチャと人材マネジメントとの間の補完性については統計的に有意な結果は得られなかった．これはどの開発パフォーマンス指標を用いても同様である．

他方，中国においては製造品質，リードタイム・生産性の 2 つの指標において正の推定値が得られた．しかしいずれも統計的に 0 を棄却できず，有意な結果は得られなかった．

表 2-4 開発パフォーマンスの

A. 製品アーキテクチャ・人材マネジメント関連変数
製品アーキテクチャ指標と人材マネジメント指標との交差項(日本,ベース)

製品アーキテクチャ指標と人材マネジメント指標との交差項(×韓国ダミー)

製品アーキテクチャ指標と人材マネジメント指標との交差項(×中国ダミー)

製品アーキテクチャ指標(日本,ベース)(−1〜+1)

製品アーキテクチャ指標(×韓国ダミー)

製品アーキテクチャ指標(×中国ダミー)

人材マネジメント指標(日本,ベース)(−1〜+1)

人材マネジメント指標(×韓国ダミー)

人材マネジメント指標(×中国ダミー)

B. 製品特性のコントロール変数
製品インターフェイス・オープン/クローズ度指標(0〜100)

製品特殊的部品使用率指標(0〜100)

C. 人事制度・人事慣行のコントロール変数
機能別組織ダミー(機能別である=1)

職能資格制度採用ダミー(採用している=1)

全社一律の人事制度採用ダミー(一律=1)

金銭的インセンティブ重視度(5段階変数)

off-JT(大学院等への派遣)重視度(5段階変数)

新卒採用重視ダミー(新卒重視=1)

D. 市場要因のコントロール変数
注文生産ダミー(注文生産=1)

E. 企業特性のコントロール変数
企業全体の売上高(対数)

企業設立後経過年数(実数)

従業員数(対数)

機械系製造業ダミー(ベースはソフトウェア業)

非機械系製造業ダミー(ベースはソフトウェア業)

F. その他変数
定数項

韓国ダミー

中国ダミー

製品アーキテクチャ指標と人材マネジメント指標との補完性係数
　日本
　韓国
　中国

サンプル数
　F 値
　自由度修正済決定係数

注)カッコ内の数字は標準誤差であり,*** は 1% 水準で,** は 5% 水準で,* は 10% 水準で統計的に有意であることを意味する.

決定要因

	製造品質(1〜10)	リードタイム・生産性(1〜10)	総合商品力・顧客満足度(1〜10)
	8.368**	9.363*	8.724*
	(4.013)	(5.571)	(4.554)
	−6.576	−7.397	−6.593
	(7.008)	(7.502)	(6.626)
	−7.628*	−8.778	−9.382**
	(4.083)	(5.627)	(4.593)
	7.076**	7.748*	7.295**
	(3.073)	(4.366)	(3.485)
	−5.341	−5.888	−5.122
	(5.968)	(6.268)	(5.557)
	−6.784**	−7.796*	−7.296**
	(3.071)	(4.381)	(3.482)
	0.903	1.776	1.050
	(2.618)	(3.218)	(2.551)
	1.509	0.232	0.017
	(3.781)	(4.291)	(3.493)
	−0.738	−1.489	−1.109
	(2.613)	(3.223)	(2.543)
	0.009**	0.005	0.007
	(0.005)	(0.005)	(0.005)
	−0.001	−0.005	0.001
	(0.005)	(0.005)	(0.004)
	0.158	0.306*	0.249
	(0.174)	(0.176)	(0.162)
	−0.025	0.095	−0.003
	(0.196)	(0.202)	(0.185)
	0.032	−0.019	0.036
	(0.193)	(0.185)	(0.171)
	−0.163	−0.019	0.015
	(0.137)	(0.119)	(0.105)
	−0.021	−0.168*	−0.104
	(0.099)	(0.100)	(0.088)
	−0.006	0.081	0.153
	(0.264)	(0.247)	(0.236)
	−0.090	−0.062	0.022
	(0.164)	(0.165)	(0.153)
	−0.077	−0.042	−0.069
	(0.068)	(0.051)	(0.060)
	0.082	0.158	0.144
	(0.144)	(0.138)	(0.114)
	0.152	0.304**	0.238*
	(0.134)	(0.133)	(0.122)
	0.398	0.027	0.277
	(0.336)	(0.294)	(0.271)
	0.146	−0.087	0.118
	(0.324)	(0.302)	(0.273)
	7.571***	6.550**	6.338***
	(2.128)	(2.729)	(2.047)
	1.632	1.255	0.613
	(3.214)	(3.548)	(2.947)
	0.562	0.343	0.551
	(2.051)	(2.561)	(1.975)
	8.368**	9.363*	8.724*
	1.791	1.967	2.131
	0.740	0.585	−0.658
	324	324	324
	3.90	4.19	3.42
	0.2113	0.2373	0.2003

以上をまとめると，日本においては製品アーキテクチャと人材マネジメントとが適切な組み合わせにあるとき開発パフォーマンスは統計的に有意に高まるという結果が得られた．この結果は，われわれが注目する経路以外の要因を制御した推定から得られたものであって，仮説を強く支持している．しかしながら，中国・韓国に関しては補完性係数は正の値が推定されながらも統計的には有意ではなかった．これは想定した仮説を支持する結果としては弱い．だが，この結果は推定モデルが仮定する補完性指数と開発パフォーマンスとの間の線形関係に依存している可能性がある．次項においてはその点を含めて解釈を行う．

4　結果の解釈と追加的分析

3か国に関する推定結果をどう解釈すべきだろうか．以下の2つの解釈が可能であろう．第1に，日本においてのみ補完性係数が正で有意であり，中国や韓国では正ではあるが有意ではなかった．このことは，製品アーキテクチャと人材マネジメントとの関係が日本企業で相対的に首尾一貫しており，中国や韓国ではそうではないことを意味する．「後発国」としての中国・韓国は，補完性の確立の途上にあるといえるかもしれない．

しかし第2に，以上とは異なる解釈も可能である．前項の分析では，開発パフォーマンスと製品アーキテクチャ・人材マネジメントの組み合わせとの間に線形の関係があることが仮定された．

ここではこの仮定を緩め，組み合わせ指数が -1 から $+1$ の区間内でどのような効果を非線形的にもつかをみてみよう．-1 から -0.8 ならば1をとるダミー変数(これを区間0とする)，-0.8 から -0.6 なら1をとるダミー変数(区間1)などと0.2刻みでダミー変数を区間9まで作成し，それらの変数を全部投入して表2-4と同じ式の再推定を行う．これはつまり，組み合わせ指数の大きさが開発パフォーマンスに与える効果を(区間0=ワースト・ケースと対比して)領域ごとにみることを意味する．

表2-5に掲げられているように，日本に関しては，区間2から区間9へと非線形的に係数が上昇している(日本のベースラインは区間1であり，区間0には企業が存在しない)．つまり，製品アーキテクチャ・人材マネジメ

表 2-5　製品アーキテクチャと人材マネジメントとの組み合わせ区間ダミーの推定結果

	日本	韓国	中国
区間 0（ワースト）	N.A.	ベースライン	N.A.
区間 1（セカンド・ワースト）	ベースライン	1.775 (1.359)	N.A.
区間 2	1.525 (1.395)	2.852* (1.617)	ベースライン
区間 3	1.198 (1.983)	3.671* (2.182)	2.218*** (0.483)
区間 4	1.560 (2.391)	6.054** (2.884)	2.193*** (0.404)
区間 5	1.948 (3.191)	7.383** (3.653)	2.233*** (0.474)
区間 6	1.242 (4.012)	9.409** (4.721)	2.315*** (0.608)
区間 7	2.506 (4.590)	9.993* (5.285)	2.566*** (0.523)
区間 8（セカンド・ベスト）	3.583 (5.032)	12.540** (5.972)	N.A.
区間 9（ベスト）	5.560 (5.426)	14.910** (6.831)	N.A.
その他コントロール変数	yes	yes	yes

注）カッコ内の数字は標準誤差であり，*** は 1% 水準で，** は 5% 水準で，* は 10% 水準で統計的に有意であることを意味する．N.A. はその区間に企業が存在しないことを示す．なお，韓国のベースラインは区間 0（ワースト）である．

ントの適切な組み合わせは，線形で開発パフォーマンスに影響するのではなく，適切な組み合わせを行う領域に向けて，徐々に高いパフォーマンスを発揮しているといえる．言い換えると，インテグラル型製品アーキテクチャを採用するなら徹底してそれを採用し，かつ人材マネジメントも徹底して長期にしないと十分に高いパフォーマンスを確保できない．逆もまた真であって，モジュラー型アーキテクチャと短期志向の人材マネジメントも，採用するなら徹底したものでなければならない．

こうした関係は韓国ではよりいっそう顕著である．区間 9 に向けて，開発パフォーマンスは逓増的に高まっている．つまり，表 2-4 で単に組み合わせ指数を入れただけでは韓国で良好な結果が得られなかったのは，この製品アーキテクチャ・人材マネジメントの組み合わせと開発パフォーマンスとの間の非線形性に理由のひとつがあると考えられる．つまり韓国でも，しっかりと製品アーキテクチャと人材マネジメントとを組み合わせ

た企業は高パフォーマンスを達成している．しかも，ベストとワーストの途中区間でも，パフォーマンスの高まりがみられる．

中国でも，区間3〜7では，正で有意な係数が観測されるから，存在する最も適切な組み合わせ（区間7）の近傍では，開発パフォーマンスが高まっていることをまず確認しておくべきであろう．したがって，少なくともワースト・ケースに比べて適切な組み合わせは，高い開発パフォーマンスを生み出していることがうかがえる．しかし，日本や韓国には存在した，区間8（セカンド・ベスト）や区間9（ベスト）の企業が存在しないこともまた事実である．ただし，今後，日本企業や韓国企業の中国現地における製品開発や中国企業との業務提携が進展すれば，適切な組み合わせに関する中国へのノウハウ移転が進むかもしれない．そうした可能性について，さらに研究を進める必要がある．

第5節　おわりに

本章では，製品アーキテクチャと人材マネジメントとの間の補完性に焦点を絞り，その実証分析を試みてきた．その結果，以下の点が明らかとなった．

まず第1に，製品アーキテクチャに関しては，日本と韓国は，モジュラー寄りとインテグラル寄りの比率がほぼ半々で，中国はモジュラー寄りの割合が高かった．

第2に，人材マネジメントの方法・慣行に関しては，新規学卒による内部育成重視か中途採用重視かに相違があった．日本が新卒重視，中国が中途採用重視という両極にあり，韓国は日本に近い形でその中間にあった．

第3に，製品アーキテクチャと人材マネジメントとの組み合わせに関しては，日本においては製品アーキテクチャと人材マネジメントとが適切な組み合わせにあるとき開発パフォーマンスを有意に高める，という結果が得られた．しかし，中国と韓国ではそうした統計的有意性は確認できなかった．

第 4 に，開発パフォーマンスと製品アーキテクチャ・人材マネジメントの組み合わせとの間に線形の関係があることを仮定せずに，組み合わせ指数が -1 から $+1$ の区間内でどのような効果を(非線形的に)もつかをみると，日本でも韓国でも，ベストの組み合わせに近づくにつれて，逓増的に開発パフォーマンスが高まることが確認できた．

以上の結果から得られる合意を指摘して，本章を閉じたい．

第 1 に，製品アーキテクチャと人材マネジメントとの補完性は，最適な組み合わせへの接近における非線形性までをも考慮すると，中国を除いて確認できた．特に非線形性に注目した分析によって，製品アーキテクチャと人材マネジメントとの補完関係は，その向上とともに逓増的に開発パフォーマンスを上昇させるという結果が得られた．このことから，わずかずつでも製品アーキテクチャと人材マネジメントを適切に組み合わせることが，開発パフォーマンスをより向上させると考えられる．中国に関しては，この製品アーキテクチャと人材マネジメントとが徹底して組み合わされた企業は現時点では少ないが，補完性をより発揮できる組み合わせを学習していくことによって開発パフォーマンスを高めていくことが今後予想される．

第 2 に，日本に関する結果は，日本ではインテグラル・アーキテクチャと長期志向の人材マネジメントのみが支配的なわけではなく，その逆であるモジュラー・アーキテクチャと短期志向の人材マネジメントとの組み合わせも十分に存立可能であることを示唆する．しばしば，日本の優位性はインテグラル型の開発にあるといわれる(藤本，2001)．だが，適切な人材マネジメントのあり方と組み合わせるならば，モジュラー型も等しく優位なのである．しばしば「過剰品質」や「過剰設計」ということが日本企業に関して指摘される．その原因は，推論の域を出ないが，製品特性や市場条件に十分な考慮を払わない，過度な，または一律的なインテグラル型開発にあるといえよう．今後は，日本企業には，中国・韓国の競合他社の動向をにらんだ製品アーキテクチャと人材マネジメントとの戦略的な選択の徹底が求められている．こうした選択の徹底を実現する条件について解明していくことが，今後の研究課題として挙げられる．

第3章 製品開発プロセスにおける
問題発生と解決行動
—— エンジニア個人レベルでの日中韓比較[*] ——

第1節　はじめに

　前章では，日本・中国・韓国の製品アーキテクチャの選択とエンジニアの人材マネジメントに関する比較研究を行い，これら3か国で製品アーキテクチャと人材マネジメントの方法が開発成果に異なる結果をもたらすことを明らかにした．

　本章は，観察単位を企業から個人へと下ろすことによって，3か国の製品開発プロセスの類似性と差異をさらに明確にする試みである．具体的には，エンジニア個人の問題解決行動に着目することによって課題に接近する．周知のように，小池(2005)は，仕事一般を「ふだんの作業」と「ふだんと違った作業」とに分けることができるとし，「問題への対応」と「変化への対応」とをこなす技能(知的熟練)の重要性を強調した．また，Simon(1969)を嚆矢として，製品開発を一連の問題とその解決行動として理解することは，製品開発研究が共有する視点である．以上から，問題解決活動に着目することは製品開発プロセスの深部に分け入るために適切なルートだといえよう．

　本章の目的は，日本・中国・韓国のエンジニア個人を対象にした質問紙調査結果に基づき，製品開発プロセスで実際に発生した問題と，リーダー・メンバーによる実際の問題解決行動を具体的に明らかにした上で，問題解決行動が開発成果に及ぼす効果を定量的に示すことにある．

---

[*]　本章の執筆に際しては，基となった草稿に対する経済研究所・定例研究会(2014年6月18日)での討論者の浜松翔平氏(成蹊大学)ほか参加諸氏から有益なコメントを得た．厚くお礼申し上げる．また，質問紙調査票案や本章の草稿に詳細なコメントを下さった森田穂高氏(University of New South Wales)にも感謝する．

第2節　先行研究の展望と分析課題の設定

1　問題解決活動としての製品開発

　企業が新しいデザイン・構造・技術などを盛り込んだ製品を発売するために必要となるコンセプト策定創造や機能・構造設計，試作・検証といった一連の活動は「製品開発」と呼ばれる．これをいかに有効かつ効率的に行うことができるかが，企業の競争力に大きな影響を与える．したがって，製品開発に関する研究の主要な目的は，製品開発を有効かつ効率的に行うことのできる戦略や組織のあり方を明らかにすることである．

　製品開発に関する先行研究では，製品開発組織のあり方(プロセス，構造，能力，ルーティンなど)に関する研究や開発組織と開発成果との関係について実証研究が行われてきた．そこでは，製品開発は，一連の問題解決活動であり，製品システムに関する学習のプロセスであると捉えられてきた(Ahmad, Mallick, and Schroeder, 2013; 青島, 1997; Atuahene-Gima, 2003; Brown and Eisenhardt, 1995; Clark and Fujimoto, 1991; Denison, Hart, and Kahn, 1996; 藤本・安本編著, 2000; Iansiti, 1998; 桑嶋, 2002; McDonough and Barczak, 1992; Mihm, Loch, and Huchzermeier, 2003; Sheremata, 2000)．特に，製品開発を一連の問題解決活動として把握し，効果的な組織構造やプロジェクト・マネージャーの行動，およびそれらが開発成果に与える効果について実証研究を行った先駆的で大きな影響を及ぼした「現代古典」ともいえる研究として Clark and Fujimoto (1991) が挙げられる．

　Clark and Fujimoto (1991) では，製品開発活動を，「問題の認識 → 代替案の生成 → 評価 → 意思決定(受容または拒否)」の段階からなる問題解決モデルとして捉えている．そして，問題解決パターンと開発成果との関係について，1980年代の日米欧の自動車開発プロジェクトを対象として実証分析を行った．その結果，優れた企業に共通する特徴として，「調整された問題解決」が行われていることが示されている．

　その要素としては，①川上・川下の活動のタイミング，②情報メディアの豊富さ，③情報交換の頻度，④コミュニケーションの方向，⑤川上・川下の情報の流れのタイミングが挙げられている．また，それを実現するた

めの条件として，①開発作業が高度に並行的に処理されること(開発作業段階の重複化)，②豊富で頻繁な双方向性の情報の流れの存在(緊密なコミュニケーション)の2つがそろう必要があるとされている．

Clark and Fujimoto(1991)では，開発成果全体に関して高い業績を達成していた組織の特徴は，強力な内的統合活動(機能部門間の調整・統合を行うこと)と外的統合活動(市場ニーズとの適合を図ること)とを結合して，製品別のプロジェクト・マネージャー(PM)の下に集中させている組織であることが明らかとなった．そうした特徴をもつPMを保有している組織は，「重量級PM(Heavy Weight Project Manager: HWPM)型組織」と呼ばれる．

Clark and Fujimoto(1991)を皮切りに，1990年代から2000年代にかけて，さまざまな産業を対象とした多くの理論的・実証的な研究が行われ，研究者ごとや取り上げる産業ごとに，多くの概念や変数が構想・実証されてきた[1]．それらの中でも，1985年から2009年までに主要な学術専門誌に掲載された，製品開発チームのもつ特徴や開発プロセス，開発成果との関係に焦点を当てた論文を対象としてメタ分析を行ってさまざまな変数を整理した研究として，Sivasubramaniam, Liebowitz, and Lackman(2012)が挙げられる．

Sivasubramaniam, Liebowitz, and Lackman(2012)では，製品開発チームおよびそのパフォーマンスに関する先行研究の知見を「インプット—プロセス—アウトプット」(I-P-O)モデルの中に位置づけて整理している．まず，インプットの要素として，①チームの年齢(継続年数やチームメンバーが一緒に仕事をしている期間)，②機能(職能，部門)の多様性[2](チームメ

---

[1] たとえば，藤本・安本編著(2000)では，製品開発組織やルーティンのあり方の産業間比較を行い，自動車のようにインテグラル度が高く「製品としてのまとまりのよさ(product integrity)」を追求する場合には，部門間の連携調整がより重要になるので，そのことを重視する重量級PMの有効性が高まるが，そうでない場合には，軽量級PMが有効に機能することもあり，製品の特性や市場の要求によって，どちらのタイプのPMが適しているかが異なることを実証的に明らかにしている．

[2] 機能の多様性については，開発成果にプラスの影響を与えたり，マイナスの影響を与えるといった複数の異なる実証研究があるので，Sivasubramaniam, Liebowitz, and Lackman(2012)では，この要因はパフォーマンスに影響を与えないという仮説を想定している．これ以外のインプット要因およびプロセス要因については，それぞれが向上するほど，開発成果も向上するという仮説が想定されている．

ンバーの出身部門の多様性),③チーム能力(チームに蓄積されてきた一般的な知識や経験),④リーダーシップ・スタイル(チームリーダーのカリスマ性や変革性,権限移譲など),が挙げられている.

次に,プロセスの要素として,①内的コミュニケーション(チームメンバー間での情報交換の頻度やオープンさのこと.これが高ければグループの凝集性や役割が明確になったり,メンバー間の共通認識を醸成することができる),②外的コミュニケーション(チームメンバー以外の人びととの情報交換の程度であり,顧客との情報交換や外部資源の迅速な獲得が開発成果を高める),③集団凝集性(グループメンバー間で醸成されている団結心),④目標(ゴール)の明確さ(チームメンバー間での目標に関するコンセンサスの水準が高いほどチームメンバーのモチベーションが向上する),が挙げられている.

さらに,開発プロジェクトの成果の要素として,①製品開発の有効性(新製品が市場で要求される品質・性能,価格,新規性等を満たしている程度),②製品開発の効率性(開発プロジェクトの予算やスケジュールを遵守できている程度),③市場投入までのスピード(リードタイム,納期),が挙げられている.結果的に,インプット要因およびプロセス要因について想定されている仮説のすべてが支持されている.特に,リーダーシップやチーム能力,外的コミュニケーション,目標の明確さ,集団凝集性が,製品開発成果を高める上で重要な影響を与えており,豊富な経験を有するチームが変革型リーダーによって導かれている場合には,開発成果がいっそう向上することが示されている.

こうした製品開発活動のプロセスや成果に対して影響を与える重要な製品・産業特性として,1990年代半ば以降,製品アーキテクチャに関する議論が盛んに行われてきた(Baldwin and Clark, 2000; 藤本, 2013; Ulrich, 1995).ある製品のアーキテクチャは,構成要素間の相互依存関係のパターンにより定義される.その基本的なタイプはインテグラル型とモジュラー型の2つであり,主としてこれらのタイプと組織のあり方(部門間調整や企業間での分業形態)との適合関係に関する一連の仮説群が形成されてきた(青島・武石, 2001; Baldwin and Clark, 2000; Brusoni, Prencipe, and Pavitt, 2001; Cabigiosu and Camuffo, 2012; Eppinger and Browning,

2012; Fine, 1998; Fixson, 2005; 藤本, 2013; 福澤, 2008; 具, 2008; Henderson and Clark, 1990; Hoetker, 2006; 貴志・藤本, 2010; 楠木・チェスブロウ, 2001; Langlois and Robertson, 1992; Maccormack, Baldwin, and Rusnak, 2012; 中川, 2011; Sanchez and Mahoney, 1996; Schilling, 2000; Sosa, Eppinger, and Rowles, 2004; 武石, 2003; 都留・守島編著, 2012). 本書の第1章でも明らかにしたように,製品の部品間の相互依存性が高い場合(インテグラル型)には,それを開発する組織においては部品間の事後的な調整を行えるだけの高いコーディネーション能力が必要であり,その結果,部門間調整は緊密に行われることになる. 部品間の相互依存性が相対的に低い場合(モジュラー型)には,部品間の設計の独立性が高く,部品間の事後的な調整なしに簡単に組み合わせられるため,部門間調整はそれほど緊密に行われる必要はないとされる.

以上のように,製品開発に関する先行研究では,製品開発プロセスを効果的に管理するための方策について,開発成果に影響を与える要因を明らかにすることを通じて考察されてきた. しかしながら,そこには以下のような限界もある. すなわち,①どのようなタイプの問題が実際の開発現場で発生したのか,②それに対して開発リーダーやメンバーが実際にいかなる対応を行ったのか,③そうした具体的な問題解決行動を有効に行うためにどのような組織上の取り組みが行われたのか,④結果的に開発成果がどのような影響を受けるのか――これらに関する産業横断的・国際的な実証分析は十分には行われていないという限界がそれである.

2 分析課題

前項でみてきたように,先行研究では,製品開発組織と開発成果との関係や,製品アーキテクチャと開発組織との関係について幅広い理論的・実証的な研究が行われてきた. しかし,先行研究では,①製品開発プロセスにおいて,実際にどのようなタイプの「問題」(仕様変更,不具合,予算不足,人員不足など)が発生したのか[3],②それらをリーダーやメンバーが解

---

3) たとえば,Atuahene-Gima (2003)では,開発プロジェクトにおける問題の発生と解決方法,およびそれらにリーダーの行動やメンバーへの権限移譲の度合,内的・外的コミュニ

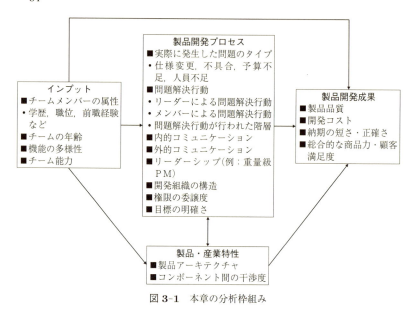

図 3-1　本章の分析枠組み

決するためにとった「実際の」行動(リーダーの上司・リーダー・メンバー間での連携調整も含む)，③それら実際にとられた行動に影響を与える組織・戦略・製品特性などの要因，④問題解決行動の最終的な成果としての開発成果，について，すべてを包括的に取り扱ってはおらず，しかも，産業横断的あるいは国際的な比較分析も行われてはいない．これらが，既存の製品開発研究における限界であり，それを本章は実証的に克服していくことを目指している．

本章の分析課題は以下の通りである．

(1)製品開発プロセスにおいて実際に発生した問題のタイプとそれらに対するリーダーおよびメンバーの具体的な解決行動の関係を示すこと(リーダーやメンバーの特徴も含む)．

(2)それらの問題解決行動と開発成果との関係を明らかにすること．

ケーションがどのような影響を与えるのか，さらには，これらの開発成果への影響についても実証的な分析が行われているが，実際に生じた問題のタイプや，それに応じたリーダーやメンバーの解決行動・連携については，十分に分析されていない．

(3) 開発組織の構造や組織内外のコミュニケーションのあり方に影響すると想定されている製品・産業特性と実際の問題解決行動との関係，およびそれらの開発成果に対してもつ効果を解明すること．

(4) 上記(1)〜(3)のすべてについて，産業横断的かつ国際的(日本・中国・韓国)な定量的分析を行うこと．

　製品開発に関する先行研究における主要な要因を整理し，それらの要因を本章の研究目的と関連づけた研究の分析枠組みを示すと図3-1のようになる．これは，本章で取り上げる問題解決行動や問題解決のプロセス，それらの結果としての製品開発の成果との関係を示すものであり，以下の節ではこのフレームワークに沿って実証分析を進めていく．

第3節　調査の方法とデータの説明

　本章で使用するのは，日中韓3か国の製造業およびソフトウェア業の企業で働くエンジニアに対する質問紙調査のデータである．
　この調査の最大の特徴は，エンジニア個人を対象とするところにある．また，エンジニア個人へのアプローチの仕方にも工夫を施した．すなわち，まず同一企業で異なる製品・システムの開発に従事するエンジニアの情報を得るために，企業にアプローチした．そして，異なる製品・システムの開発に従事するエンジニアを2〜5人選んでもらい，調査票に回答していただいた．言い換えると，企業の効果と製品・システムの効果を識別できるように，既存の個人データベースなどからではなく，企業 → 製品 → エンジニアというルートでエンジニア個人に接近したわけである[4]．
　調査票は3か国同一の質問になるように，翻訳と逆翻訳を経て，事前チェックのための予備調査を行い，調査票を改訂した上で本調査を実施し

---

[4] 対象となる製品が最終製品なのか部品なのかを識別する質問は設けなかった．しかし，B2C製品であれ，B2B製品であれ，他工程や顧客とのインタラクションが発生することに相違はない．むしろ，開発の独立度は，採用する製品アーキテクチャにより強く影響されると考えられる．しかし，本章では，紙幅の都合上，製品アーキテクチャとの関係の分析は十分にはできなかった．今後の課題としたい．

表 3-1　調査対象と回収状況

(a) 日本

	対象企業数	回収企業数	回答者数
全体	4,718	72	216
製造業	2,078	56	173
ソフトウェア業	2,640	16	43

注）サンプル・フレームは「東京商工リサーチ企業情報データベース」である．
　　製造業は中分類コード 25-31，ソフトウェア業は小分類コード 391 を対象とした．
　　製造業は従業員数 200 人以上，ソフトウェア業は従業員数 50 人以上に限定した．
　　調査方法：電話スクリーニングの後，質問紙郵送法．
　　調査期間：2014 年 1 月 30 日から 2 月 27 日．

(b) 韓国

	母集団	対象企業数	回収企業数	回答者数
全体	4,294	308	54	190
製造業	4,112	273	41	139
ソフトウェア業	182	35	13	51

注）サンプル・フレームは「大韓商工会議所資料」である．
　　その売上高上位 1,000 社より，非製造業等を除いて上位からの対象企業を 321 社選び出し，電話で調査に同意した 308 社に対して調査を実施した．
　　調査方法：現地調査員による訪問面接法．
　　調査期間：2014 年 1 月 21 日から 3 月 19 日．

(c) 中国

		対象企業数	回収企業数	回答者数
全体	全体	24,906	35	153
	製造業	23,309	25	111
	ソフトウェア業	1,597	10	42
北京	全体	5,389	11	51
	製造業	4,864	8	37
	ソフトウェア業	525	3	14
上海	全体	8,663	11	50
	製造業	8,087	8	38
	ソフトウェア業	576	3	12
広州	全体	10,854	13	52
	製造業	10,358	9	36
	ソフトウェア業	496	4	16

注）サンプル・フレームは「中国 34 省市企業名録」である．
　　製造業は従業員数 300 人以上，ソフトウェア業は従業員数 50 人以上に限定した．
　　調査方法：現地調査員による訪問面接法．
　　調査期間：2014 年 1 月 20 日から 2 月 24 日．

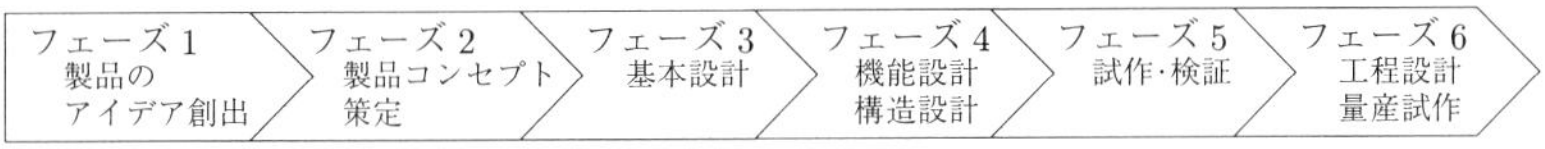

フェーズ1 製品のアイデア創出	フェーズ2 製品コンセプト策定	フェーズ3 基本設計	フェーズ4 機能設計 構造設計	フェーズ5 試作・検証	フェーズ6 工程設計 量産試作

出所）Ulrich and Eppinger（2012），p. 9 の Exhibit 1-4 を修正．

図 3-2　製品開発プロセス

た．対象企業や回収標本の状況は表 3-1 で報告されている．

　調査方法は，日本に関しては，郵送調査法(全国)による．調査対象は，製造業に属する従業員数 200 人以上の，またソフトウェア業に属する従業員 50 人以上の民間企業である．調査区域は全国で，サンプル・フレームとしては，「東京商工リサーチ企業情報データベース」を利用した．調査期間は 2014 年 1 月 30 日から 2 月 27 日までであった．回収状況は表 3-1(a)の通りである．

　韓国の調査方法は企業調査を専門とする調査員による訪問面接法である．ただし，日本とは異なり，「大韓商工会議所資料」を利用し，売上高上位の企業に調査対象を絞った．そして，電話で調査に同意した企業を訪問した[5]．調査区域は全国で，調査期間は 2014 年 1 月 21 日から 3 月 19 日までであった．回収状況は表 3-1(b)の通りである．

　中国では，予算制約から調査区域を全国とすることを断念し，北京，上海，広州の 3 地域調査とした．サンプル・フレームは「中国 34 省市企業名録」である．調査方法は，まず電話連絡が可能だった企業にすべて電話して調査に同意した企業に，企業調査を専門とする調査員が訪問した．調査期間は 2014 年 1 月 20 日から 2 月 24 日までであった．回収状況は表 3-1(c)の通りである．

第 4 節　製品開発プロセスとエンジニアの仕事

　この節では，以下の分析の前提となる製品開発プロセスとエンジニアの仕事について説明しておく．まず，製品開発の流れを概観すると，図 3-2 のようになる．上流工程は，製品のアイデア創出やコンセプト策定であ

---

[5]　調査の趣旨に同意した企業でも，調査票の内容をみて，調査を承諾しなかった企業もあったため，回収企業数は，308 社中 54 社となっている．

表 3-2 開発プロセスに

(a) これまでに経験した開発業務における担当業務

	回答者数	製品コンセプト策定	基本設計	機能設計	構造設計
全体	559	197 35.2	375 67.1	423 75.7	389 69.6
日本	216	98 45.4	161 74.5	172 79.6	150 69.4
韓国	190	51 26.8	107 56.3	115 60.5	114 60.0
中国	153	48 31.4	107 69.9	136 88.9	125 81.7

(b) 現在の勤務先企業で経験した開発業務における担当業務

	回答者数	製品コンセプト策定	基本設計	機能設計	構造設計
全体	559	181 32.4	359 64.2	403 72.1	369 66.0
日本	216	94 43.5	161 74.5	169 78.2	143 66.2
韓国	190	43 22.6	98 51.6	103 54.2	103 54.2
中国	153	44 28.8	100 65.4	131 85.6	123 80.4

り,下流工程は量産準備である.この中間に,中核工程である基本設計と機能設計・構造設計とが位置する.

次に,こうした製品開発プロセスの各段階をエンジニアが現実に 3 か国でどの程度経験しているのかを確認しよう.エンジニアが「これまでに経験した開発業務」(他社での開発業務)と「現在の勤務先企業で経験した開発業務」の全体を概観すると表 3-2 のようになる[6].

日本では,現在の勤務先企業での開発業務として多いのは,①試作・検証(80.6%),②機能設計(78.2%),③基本設計(74.5%),の順である.韓国

---

[6] 日本では転職回数がきわめて少ない(平均で日本が 0.4 回であるのに対し,韓国は 0.8 回,中国は 1.8 回)ため,前職と現在の勤務先企業での経験業務の差がほとんどない.

における担当業務

(複数回答)

試作・検証	工程設計	量産試作	その他	無回答
382	202	234	66	0
68.3	36.1	41.9	11.8	0.0
177	84	101	31	0
81.9	38.9	46.8	14.4	0.0
93	37	74	35	0
48.9	19.5	38.9	18.4	0.0
112	81	59	0	0
73.2	52.9	38.6	0.0	0.0

注）上段は回答者数を，下段は回答者比率（％）を示す．

(複数回答)

試作・検証	工程設計	量産試作	その他	無回答
364	174	197	59	1
65.1	31.1	35.2	10.6	0.2
174	78	94	28	1
80.6	36.1	43.5	13.0	0.5
87	32	63	31	0
45.8	16.8	33.2	16.3	0.0
103	64	40	0	0
67.3	41.8	26.1	0.0	0.0

注）上段は回答者数を，下段は回答者比率（％）を示す．

では，機能設計と構造設計がともに同率(54.2%)であり，基本設計(51.6%)がそれに続く．中国では，①機能設計(85.6%)，②構造設計(80.4%)，③試作・検証(67.3%)という順である．他社での開発業務に関しては，韓国でも中国でも，順位はほぼ変わらず，変わるのは，(おそらくは転職の回数の多さを反映しての)各業務の指摘率の高まりである．

　もう一度，現在の勤務先企業での開発業務に戻ろう．3か国で40％以上という暫定基準を設けると，日本では，工程設計を除きすべての業務が挙げられる．韓国では，製品コンセプト策定，工程設計，量産試作が脱落する．中国では，製品コンセプト策定と量産試作が脱落する．このように，日本のエンジニアの開発業務の幅の広さが特徴である．別の角

度からみると，日本は万遍なく業務を行う中で，試作・検証の割合が高い(80.6%)．これと対照的なのは，中国で，機能設計(85.6%)と構造設計(80.4%)に集中するという傾向である．他方，韓国では，担当業務のカバー範囲は中国に似ているが，指摘率は50％前後と低い．

日本で，試作・検証の比重が韓国・中国よりも高いのは，後工程としての製造を自らの企業の境界の内部で行うためと考えられる．他方，中国では，ファブレス(100％生産委託)であることが多いため，基本設計，機能設計，構造設計に特化した開発スタイルになっていると思われる．韓国はその中間に位置しよう．

第5節　製品開発プロセスにおける問題発生と解決行動

1　自らの担当業務内で発生した問題と解決行動

製品開発プロセスでどのような問題が発生したのか．また，問題を解決する組織レベルはどこであり，エンジニアはどのように行動したのか．本節では，これらの問題を分析する．この調査では，①自分自身の担当業務内で発生した問題(以下，「担当内問題」)と，②自分自身の担当業務以外で発生した問題(以下，「担当外問題」)の両方について尋ねた．そこでまず，担当内問題の内容と解決行動についてみてみよう．

調査では，「仕様変更」「不具合」「予算不足」「人員不足」の4つの問題が現実に発生したかどうかを尋ねた[7,8]．表3-3は実際に発生した担当内問題の内訳を示す．メンバーとリーダーおよびサブリーダー(以下「リーダー」とまとめて表記)とでは直面する問題が異なっている可能性があるの

---

[7]　製品が汎用品かオーダーメイド品かにより，仕様変更の頻度や規模も変わってき得る．しかし，オーダーメイド品だから汎用品よりも仕様変更が頻繁であるとは必ずしもいえない．それは，各国の製品市場の品質要求の変化の速さや契約慣行に由来すると考えられる．

[8]　不具合が生じたために仕様変更が必要になる場合など，「不具合」と「仕様変更」との区別は現実には難しい場合がある．しかし本調査では，発生したすべての問題を指摘するように求めた上で，さらに最も解決が難しかった問題を回答者に1つだけ特定させるという構成になっている．このため両者は区別されていると解釈できる．ただし，現実問題としては，両者は完全に「相互排他的」とはいえない状況も想定されるが，この問題は今後に別途行う聞き取り調査などでチェックしたい．

表 3-3　担当業務内で発生した問題　　（複数回答）

		回答者数	仕様変更	不具合	予算不足	人員不足
メンバー	日本	49	35 71.4	39 79.6	9 18.4	19 38.8
	韓国	124	100 80.6	81 65.3	26 21.0	63 50.8
	中国	40	21 52.5	23 57.5	12 30.0	8 20.0
リーダー	日本	157	132 84.1	132 84.1	45 28.7	104 66.2
	韓国	66	52 78.8	43 65.2	28 42.4	46 69.7
	中国	113	64 56.6	71 62.8	31 27.4	42 37.2

注）上段は回答者数を，下段は回答者比率（％）を示す．

で，両者を分けて示している[9]．3か国ともほぼすべての問題カテゴリーで，メンバーよりリーダーの方が，問題が発生したとする回答の割合が高い．また，メンバー・リーダーともに，日本は「不具合」発生の割合が他国より顕著に高く[10]，韓国ではリーダーにおいて「予算不足」「人員不足」発生の割合が他国に比べて顕著に高い．

　紙幅の都合上，表は省略するが，現実に発生した「仕様変更」「不具合」「予算不足」「人員不足」の4つの問題のうちで最も解決が難しかった問題[11]を選択してもらったところ，3か国とも，「仕様変更」と「不具合」

---

[9]　3か国でリーダー・サブリーダー・メンバーの割合は異なる．これは，その割合までをも実査において指定することが困難だったためである．

[10]　『日経ものづくり』2007年1月号が紹介する，エンジニアに対する質問紙調査結果によれば，品質低下を「強く感じる」「感じる」とした回答者の割合は77.9％であり，品質低下の最大の理由として挙げられているのが「開発期間の短縮による検討不足」であった．本質問紙調査によれば，1担当プロジェクト当たり労働時間は日本24.4時間，中国26.3時間，韓国30.7時間であり，また問題が発生していない通常時に担当プロジェクト以外の業務に従事する時間の比率は日本18.1％，中国11.4％，韓国10.2％となっている（クラスカル・ウォリス検定の結果，いずれも1％水準で差は統計的に有意）．以上のことより，日本で「不具合」問題発生を指摘する者の割合が顕著に高いことの一因は，日本のエンジニアの多忙さにあると推察される．

[11]　本調査では，問題の深刻さを直接に問うてはいない．しかし，問題発生の結果生じた事態を複数回答で尋ねており，ここで0がついた数によって，問題の深刻さを類推することが可能であろう．ただし，この分析は今後の課題である．

が解決困難な上位2大問題であった．また，日本と中国では「不具合」を挙げる回答者がメンバー・リーダーともに最多だったのに対して，韓国では，メンバーでは「仕様変更」を，リーダーでは「人員不足」を挙げる回答者が最多であった．さらに，「予算不足」「人員不足」という開発資源の不足が最も解決が難しかった問題だったとした回答者の割合は，メンバーでは韓国(33.1%)，中国(20.0%)，日本(16.7%)の順であり，リーダーでは韓国(53.0%)，日本(30.3%)，中国(25.5%)の順であった．

以上のことを表3-3と比較すると，韓国のリーダーを除き，実際に最も多く発生した問題と，最も解決が難しかった問題とは一致している．けれども，韓国のリーダーの場合，実際に最も多く発生した問題は「仕様変更」だったが，最も解決が難しかった問題は「人員不足」であった．このことは後にみるように，韓国における「人員不足」問題の解決方法と関係があると考えられる．

表3-4は，担当業務内で発生した問題のカテゴリー数を示す．この数値は，自分の「守備範囲」として認識している問題の多様度を表すと考えられる．そこで，国別に平均値の差の検定を行った．メンバー・リーダーともに，日本と韓国のエンジニアは中国のエンジニアに比べて，担当業務内で有意に多数の問題を経験している．また日本と韓国では，リーダーの守備範囲である問題カテゴリーがメンバーよりも有意に多数だが，中国ではリーダーとメンバーの差は有意ではない．これらのことは，日本・韓国のエンジニアは中国のエンジニアに比べて，また日本・韓国のリーダーはメンバーに比べて，より多様な問題の解決に従事していることを示唆している．

次に，担当内問題が解決された組織レベルを検討しよう．回答者には，「1．開発組織のメンバーに問題解決が委ねられた」から，「4．開発組織を超えた，より上部の組織で問題解決が行われた」までの4つの選択肢から，現実の組織的問題解決行動を選択するように求めた．この回答は，上位組織やリーダーの関与なしで開発現場が直接に問題解決を図るという選択肢1から，開発現場が問題解決にタッチせず，より上位組織での問題解決に委ねる選択肢4の4段階で，問題解決が行われた組織レベル(以下

表 3-4 担当内で発生した問題の
カテゴリー数の平均値

	メンバー	リーダー	差
日本	2.08	2.63	0.55***
韓国	2.18	2.56	0.38***
中国	1.60	1.84	0.24

注) *** は 1% 水準で差が統計的に有意であることを意味する.

表 3-5 担当内問題解決の組織レベルの平均値

	仕様変更	不具合**	予算不足	人員不足**	加重平均値***
日本	2.29 45	2.28 111	3.17 12	2.51 45	2.38 213
韓国	2.35 60	2.09 54	3.04 24	2.17 52	2.32 190
中国	2.47 45	2.45 55	3.55 11	2.81 21	2.61 132

注) 上段は組織レベル(開発組織メンバー=1, リーダーとメンバーの協働=2, リーダー主導=3, 上位組織=4)の平均値を, 下段は回答者数を示す. *** および ** は, クラスカル・ウォリス検定の結果, それぞれ 1% 水準, 5% 水準で差が統計的に有意であることを意味する.

「問題解決の組織レベル」と呼ぶ)を示していると考えられる. 4つの担当内問題解決について, 問題解決の組織レベルを国別に示すのが表 3-5 である. 3か国の加重平均をみると, 上位組織で問題解決が行われた度合が最も大きいのは中国で, 最も小さいのは韓国である. また, 韓国において, 開発現場で問題解決を行う度合が他国に比して有意に高いのは, 「不具合」と「人員不足」という問題である.

これらの問題が発生した結果, 「目標品質の未達成」「製品原価目標の未達成」「納期遅れ」という事態が発生したか否かを回答してもらったところ(複数回答), 最も多く発生した事態は, 日本・韓国で「目標品質の未達成」で, 中国で「納期遅れ」であった. さらに発生した担当内問題カテゴリー別に結果として起きた事態を分析したのが表 3-6 である.

すべての問題カテゴリーについて, 中国では主に納期遅れをもたらし, 韓国では主に目標品質の未達成をもたらしている. 他方日本では, 「仕様

表 3-6 発生した

	日本					
	回答者数	目標品質の未達成	製品原価目標の未達成	納期遅れ	回答者数	目標品質の未達成
仕様変更	174	83 47.7	39 22.4	82 47.1	152	67 44.1
不具合	180	94 52.2	34 18.9	76 42.2	124	63 50.8
予算不足	56	25 44.6	19 33.9	29 51.8	54	28 51.9
人員不足	129	59 45.7	27 20.9	71 55.0	109	52 47.7

注) 上段は回答者数を，下段は回答者比率(%)を示す．

変更」「不具合」問題が主に目標品質の未達成に帰着し，また「予算不足」「人員不足」が主に納期遅れをもたらしている．

今回の質問紙調査の他の設問に対する回答は，中国で納期の制約が厳しいことを示唆しており[12]，すべての問題カテゴリーが納期遅れを主にもたらすという結果と整合的である．また，問題の性質上，開発資源不足は開発現場よりも上位の組織で解決すべき問題だと考えられる．それゆえ，納期遅れが自然な帰結であるはずの「人員不足」などの開発資源不足問題が，韓国では主に目標品質の未達成をもたらしているのは，開発資源不足問題を長時間労働により開発現場レベルで解決している[13]ことが一因だと考えられる．このことはまた，前述の通り，最も解決が難しかった問題として開発資源不足を挙げる回答者の割合が，韓国で最も高かったことの

---

12) 「あなたが開発に主に従事した主な製品・システムの開発時点において，その製品市場では，製品への以下の要求はどの程度でしたか？」という設問に対して，「1. 全く重要でない」から「5. 非常に重要である」までの5段階で各要求項目を評価するように求めた．その結果，「納期遵守」の平均得点は，中国(4.5)，日本(4.3)，韓国(4.2)の順であった．また，開発に主に従事した主な製品・システムの平均開発総月数は，中国(8.6)，韓国(15.1)，日本(15.4)であった(クラスカル・ウォリス検定の結果，前者は5% 水準，後者は1% 水準で差は統計的に有意)．

13) 開発資源不足問題のうちでも，人員不足問題を開発現場レベルで「解決」する典型的な方法は，現状のメンバーが人員不足を埋めるべく長時間労働を行うことであろう．実際，各国のメンバーの平均週労働時間が，韓国(52.4)，日本(49.4)，中国(47.5)であったことは，この解釈を裏付けている(クラスカル・ウォリス検定の結果，1% 水準で差は統計的に有意)．

問題別の結果 (複数回答)

韓国		中国			
製品原価目標の未達成	納期遅れ	回答者数	目標品質の未達成	製品原価目標の未達成	納期遅れ
27	60	85	23	22	66
17.8	39.5		27.1	25.9	77.6
18	52	94	25	24	71
14.5	41.9		26.6	25.5	75.5
12	24	43	7	10	31
22.2	44.4		16.3	23.3	72.1
17	51	50	9	11	44
15.6	46.8		18.0	22.0	88.0

一因でもあると思われる．

次に，個人の担当内問題解決行動を検討しよう．表3-7は，最も難しかった担当内問題解決時の労働時間配分と問題解決の組織レベルとの関係を示す．紙幅の都合上，問題解決に当たって最も重要だと考えられる「自分一人で開発に従事」と「上司と打合せ」との2項目のみを示した[14]．まず3か国の平均より，中国・韓国のエンジニアは，上司との打合せ時間が日本に比して多い[15]．つまり，韓国のエンジニアは垂直方向のコミュニケーションを他国に比べてより多く行うことで問題解決を図っていることがわかる．担当内問題解決の組織レベルと個人の問題解決行動との関係を示したクロス表をさらに吟味しよう．表3-7の最下段は，当該活動への労働時間配分と問題解決の組織レベルとの相関係数である．表側の「問題解決の組織レベル」は，「上位組織」から「メンバー」に向かって順

---

14) 選択肢には「社外の人との打合せに要する時間」など，開発組織外の人と打合せを行う場合についても尋ねているが，紙幅の都合上，ここでは分析を行わない．

15) メンバー・リーダーともに，上司との打合せ時間比率が日本よりも韓国で高い一因は，職務経験の浅さのために，問題解決に必要な知見・示唆を上司に，より依存せざるを得ないためと推察される．実際に職務経験年数は，メンバーは韓国4.5年，日本15.7年であり，リーダーでは韓国10.2年，日本20.4年であった（いずれの差も1％水準で統計的に有意）．また，都留・守島編著(2012)で実施した聞き取り調査では，1998年のアジア通貨危機の影響で中堅人材が不足していて，経験年数が少ないエンジニアが多く，その結果，リーダーに過度な負荷がかかっていることが聞かれた．以上より，韓国で垂直方向のコミュニケーションが他国よりも多いという結果は，国の制度的特徴以上に，チームの性質によって説明できると考えられる．

表 3-7 最難関問題解決の組織レベルと

問題解決の組織レベル	日本			回答者数
	回答者数	自分一人で開発に従事	上司と打合せ	
上位組織で解決	31	28.2	15.6	24
リーダー主導	40	39.6	14.5	45
リーダーとメンバーの協働	119	32.5	13.2	88
開発組織メンバーに委ねた	21	45.2	7.3	33
平均	211	34.5	13.2	190
相関係数		−0.09	0.18***	

に，より現場レベルで，問題解決が図られることを意味する．問題解決がより現場レベルで行われるようになるほど，自分一人で開発に従事する時間が増え，上司と打合せする時間は減るという関係が現実的だと想定できる．

そうだとすると，担当内問題解決の組織レベルと最も整合的な個人レベルの問題解決行動がみられるのは，「自分一人で開発に従事」「上司と打合せ」の2項目で相関係数が想定通りの符号で統計的に有意になっている韓国であることがわかる．日本では「上司と打合せ」の相関係数が想定通りの符号で統計的に有意である．中国では「自分一人で開発に従事」の相関係数が統計的に有意である．ただし，これが正で有意であるのには注意が必要である．推論の域を出ないが，中国では上位レベルでの問題解決の割合が高いゆえ，リーダー自らが問題解決に取り組んでいるのではないかと考えられる．

2 自らの担当業務外で発生した問題と解決行動

次に，担当外問題の内容と解決行動についてみてみよう．今回の質問紙調査では，現実に発生した「仕様変更」「不具合」「予算不足」「人員不足」「納期遅れ」「製品原価目標の未達成」「目標品質の未達成」の7つの問題のうち，解決が難しかった順に3つを挙げることを求めた．

最も解決が難しかった問題としてそれぞれの問題を選択した回答者数を国別，メンバー・リーダー別に示したものが表3-8である．それによれ

第3章 製品開発プロセスにおける問題発生と解決行動──77

労働時間配分(%)との関係

韓国		中国		
自分一人で開発に従事	上司と打合せ	回答者数	自分一人で開発に従事	上司と打合せ
27.9	25.8	23	45.0	14.7
31.0	23.2	36	34.7	17.5
33.5	19.8	71	34.6	18.3
45.3	12.3	2	55.0	7.5
34.3	20.0	132	36.8	17.3
−0.21***	0.26***		0.15*	−0.11

注)***は1%水準で，*は10%水準で統計的に有意であることを意味する．

表 3-8 自分の担当範囲外で発生した，解決が最も難しかった問題

		回答者数	仕様変更	不具合	予算不足	人員不足	納期遅れ	製品原価目標の未達成	目標品質の未達成
メンバー	全体	199 100	54 27.1	52 26.1	13 6.5	21 10.6	33 16.6	11 5.5	15 7.5
	日本	46 100	5 10.9	21 45.7	3 6.5	3 6.5	5 10.9	4 8.7	5 10.9
	韓国	124 100	38 30.7	27 21.8	10 8.1	15 12.1	24 19.4	5 4.0	5 4.0
	中国	29 100	11 37.9	4 13.8	0 0.0	3 10.3	4 13.8	2 6.9	5 17.2
リーダー	全体	311 100	68 21.9	77 24.8	19 6.1	50 16.1	45 14.5	27 8.7	25 8.0
	日本	148 100	22 14.9	54 36.5	6 4.1	24 16.2	17 11.5	11 7.4	14 9.5
	韓国	66 100	9 13.6	15 22.7	8 12.1	13 19.7	10 15.2	6 9.1	5 7.6
	中国	97 100	37 38.1	8 8.3	5 5.2	13 13.4	18 18.6	10 10.3	6 6.2

注)上段は回答者数を，下段は回答者比率(%)を示す．

ば，日本のメンバー・リーダーは「不具合」，中国のメンバー・リーダーと韓国のメンバーは「仕様変更」，韓国のリーダーは「不具合」を挙げた回答者が最も多かった．日本・中国では，メンバーとリーダーとで解決が最も難しかった担当外問題に関する認識が変わらない．しかし韓国では，メンバーは「仕様変更」を，リーダーは「不具合」を，最も難しかった担当外問題として挙げている．韓国のみメンバー・リーダー間の認識が異なっているという事態は，先に検討した担当内問題解決の場合と共通して

表 3-9 担当外問題の解決行動における能動性の平均値

	仕様変更***	不具合***	予算不足	人員不足***	納期遅れ***	製品原価目標の未達成*	目標品質の未達成***
全体	1.63	1.91	0.88	1.32	1.63	1.64	1.79
	294	287	88	240	269	139	158
日本	1.90	2.12	1.00	1.70	1.87	1.94	2.13
	96	149	14	91	97	46	76
韓国	1.41	1.63	0.84	0.91	1.59	1.48	0.85
	128	112	37	95	106	50	34
中国	1.64	1.89	0.86	1.43	1.38	1.51	1.90
	70	26	37	54	66	43	48

注）上段は能動性（関与しなかった＝0，上司に指示された＝1，担当者に依頼された＝2，他人の指示・依頼以前に関与した＝3）の平均値を，下段は回答者数を示す．
*** および * は，クラスカル・ウォリス検定の結果，それぞれ 1% 水準，10% 水準で差が統計的に有意であることを意味する．

いる．他国の場合とは異なって韓国では，担当内問題・担当外問題にかかわらず，メンバーとリーダーが異なる問題を解決するという意味で，メンバー・リーダー間で「問題解決の分業」が存在していると考えられる．

担当外問題を解決するために各個人がとった行動を検討しよう．回答者には，「0．問題解決に関与しなかった」から「3．他の人に指示・依頼される以前に積極的に問題解決に関与した」の4つの選択肢から，現実の問題解決行動を選択するように求めたこの回答は，問題解決への関与が全くないという選択肢0から，最も能動的に問題解決へ関与する選択肢3までの4段階で，担当外問題解決関与への「能動性」を示していると考えられる．

表3-9は，7つの担当外問題解決について，能動性の度数分布と加重平均を示す．これによると，すべての問題において最も能動性が高いのは日本であった．また，「納期遅れ」以外の問題で，韓国よりも中国の能動性が高かった．職能主義である日本の能動性が高いことは理解しやすいが，職務主義である中国の能動性が，職能主義に近い韓国のそれを上回ることは理解しにくい[16]．このことは，職務主義という制度的構造にもかかわ

---

16) 「あなたの仕事内容は事前に明確に定義されていましたか？」という設問に対して，「1．明確な定義がなかった」から「5．明確に定義されていた」の5段階で回答してもらったところ，回答の平均値は中国 3.61，日本 2.92，韓国 2.87 という順番であった（クラスカル・ウォリス検定の結果，1% 水準で差は統計的に有意）．このことは，中国で最も職務定義が

らず，現実の製品開発においては自身の担当部分の職務を超えて能動的に担当外問題解決に従事せざるを得ないという，制度と実態の乖離を示唆するのかもしれない[17]．

第6節　問題解決行動と開発成果

1　個人の開発成果と組織の開発成果

　前節では，製品開発の過程で発生する具体的問題が何であり，それをどのように解決するのか，また解決方法の国別差異がどうであるのかを分析した．本節では，問題解決行動が開発成果に及ぼす効果について考察する．われわれの行った調査では，開発成果について，エンジニア個人レベルの成果と開発組織レベルの成果との2つの成果を尋ねている．両者を分けて質問することによって，エンジニア個人の成果に対して組織行動が与える影響と，エンジニアの集合である開発組織全体としての成果に対して組織行動が与える影響について別々に考察することが可能となる．開発成果はさまざまな側面から眺めることができる．今回の調査では，エンジニア個人の成果として，①担当業務の納期の短さ・正確さ，②開発コスト，③製品品質，の3つの側面について尋ねた．これらの側面についてそれぞれ，そのエンジニアが開発に従事した時点で目標設定された成果のうち，何割程度が達成されたと判断されるかについて，1〜10割の10段階で尋ねた．

　個人の開発成果についての記述統計を表3-10(a)に掲げた．まず，日本については，製品品質について最も高い開発成果が得られたことがわかる．続いて納期，開発コストの順で高い成果が得られている．

　紙幅の関係上，表は省略するが，われわれの調査では，開発した製品に対する製品市場からの事前の要求について，品質向上，機能拡張，低価格

　　明確だということを意味する．
17)　韓国の能動性が日本のそれを下回ることは，両国の制度的特徴以上に，エンジニアの平均職務経験年数の違いによって説明できると思われる．実際に平均職務経験年数は，メンバーは韓国4.5年，日本15.7年で，リーダーでは韓国10.2年，日本20.4年であった（いずれの差も1%水準で統計的に有意）．

表 3-10 開発成果諸変数の記述統計

(a) 個人の開発成果

		平均	標準偏差	最小値	25パーセンタイル	中央値	75パーセンタイル	最大値
日本 (N=213)	納期	6.65	2.08	1	5	7	8	10
	開発コスト	6.33	2.09	1	5	7	8	10
	製品品質	7.17	1.77	2	6	8	8	10
韓国 (N=190)	納期	6.67	2.38	1	5	7	8	10
	開発コスト	6.45	2.21	1	5	7	8	10
	製品品質	6.62	2.16	1	5	7	8	10
中国 (N=153)	納期	8.01	1.17	3	7	8	9	10
	開発コスト	7.80	1.40	3	7	8	9	10
	製品品質	8.71	1.16	3	8	9	9	10

(b) 組織の開発成果

		平均	標準偏差	最小値	25パーセンタイル	中央値	75パーセンタイル	最大値
日本 (N=213)	納期	6.43	2.19	1	5	7	8	10
	開発コスト	6.09	2.16	1	5	6	8	10
	製品品質	7.13	1.77	2	6	7	8	10
	顧客満足度	6.99	1.76	1	6	7	8	10
韓国 (N=190)	納期	6.72	2.33	1	5	7.5	8	10
	開発コスト	6.29	2.25	1	5	7	8	10
	製品品質	6.51	2.17	1	5	7	8	10
	顧客満足度	6.60	2.20	1	5	7	8	10
中国 (N=153)	納期	7.87	1.39	3	7	8	9	10
	開発コスト	7.63	1.42	3	7	8	9	10
	製品品質	8.66	1.16	2	8	9	9	10
	顧客満足度	8.52	1.19	3	8	9	9	10

化，小型化，納期遵守の5項目についてそれぞれ尋ねている．その結果，日本においては，高い製品品質が最も要求され，続いて納期の遵守，低価格化の順で市場の要求が高いという結果を得た．つまり，日本において個人の開発成果は，市場の要求と整合的であり，市場の要求に応える形でエンジニアも開発の成果を上げているといえる．

続いて，韓国のエンジニア個人の開発成果については，納期が最も高く達成されており，続いて製品品質，開発コストの順であった．この状況に

対し，韓国において，製品市場の要求は，製品品質，納期の遵守，機能拡張の順で高く，エンジニアの成果は市場の要求と必ずしも整合的ではない．他方，中国においては日本と同様に，製品品質，納期，開発コストの順で個人の成果達成度が高かった．中国において市場の要求は，製品品質，納期，開発コストの順で高く，中国においてはエンジニア個人の成果達成度は市場の要求と整合的である．

次に，組織の開発成果に目を転じよう．開発組織レベルの成果についても，個人と同様に1〜10割の達成度による回答を，①担当業務の納期の短さ・正確さ，②開発コスト，③製品品質について尋ねた．また，開発組織レベルにおいては，個人レベルには当てはまりにくい，④総合的な商品力と顧客満足度についても尋ねた．

結果は表3-10(b)に示されている．商品力・顧客満足度は，品質，納期，コスト等すべてを含んだ総合的指標であると考えられるため順位から除外して考えると，日本・韓国・中国すべての国においてエンジニア個人の開発成果と整合的であり，組織の開発成果と個人の開発成果との間に高い相関があることが看取される．また，開発組織レベルでも，日本と中国に関しては製品市場の要求に適合的となっている．

2　開発成果の計量分析

次に，これらの開発成果と，前節で分析したエンジニアの問題解決行動との関係について分析を行う．つまり，いかなる問題解決行動が，製品の開発成果を向上させ得るか否かに関して定量的分析を行う．

ただし，開発成果はエンジニアの問題解決行動のみに依存しているわけではなく，企業や開発組織，エンジニア個人の属性および製品特性にも強く依存している．したがって，これらの属性を同時に制御することが必要である．

分析の方法は以下の通りである．まず，開発の成果の指標は，エンジニア・レベルのものと開発組織レベルのものに集計した．具体的には，エンジニア・レベルの開発成果として，品質・コスト・納期(QCD)の3つに関する成果の平均をとり，それを使用する．同様に，開発組織レベルの開

発成果としては，品質・コスト・納期・顧客満足度の平均を使用する．以上が被説明変数である．

説明変数には，担当内問題解決において問題解決が行われた組織レベル(以下「担当内問題解決レベル」と呼ぶ)を導入する．これは，前述の通り，問題解決が行われた組織レベルが最も上位組織である場合4をとり，開発現場レベルの場合1をとる4段階の順序カテゴリー変数である．加えて，担当外問題解決におけるエンジニアの能動性(以下「能動性」と呼ぶ)変数も導入する．これは能動性が高いほど数値の高い4段階の順序カテゴリー変数である．以上を問題解決行動を示す説明変数として回帰分析による分析を行う．

次に，開発成果と問題解決行動の両方に影響していると考えられる共変量として以下のものを導入する．まず，企業レベルの属性として，従業員数，年齢の対数値を導入する．続いてエンジニア・レベルの属性については，年齢の対数値，学歴(大卒，大学院卒の場合1をとり，その他の場合0をとるダミー変数)，職位(一般従業員を1とし，以下係長・主任，課長，次長，部長，役員の順で1ずつ大きくなる順序カテゴリー変数)，開発組織における役割(リーダー・サブリーダーであれば1をとり，その他の場合0をとるダミー変数)を導入する．続いて開発レベルの属性として，開発組織の構造を示す変数(機能部門が開発を担当する場合1をとり，機能部門の内部に開発組織が編成される場合2をとり，複数の機能部門から集成された開発組織が編成される場合3をとる順序カテゴリー変数)を導入する．また，製品特性としては，製品のインテグラル度(インテグラル度が高い場合に1をとり，そうでない場合0をとるダミー変数，表3-11の注1参照)，コンポーネント間の干渉度を導入した．これは，他のエンジニアの担当部品の開発の，自分の担当箇所への影響の強さを1から5の5段階で尋ねたもので，数値が大きいほど影響(干渉度)が高い順序カテゴリー変数(表3-11の注2参照)である．以上の変数についての要約統計量は表3-11の通りである．

以上の設定に基づいて，各国ごとに最小二乗法による推定を行った結果が表3-12で報告されている[18,19]．列(1)は，日本におけるエンジニア個人レベルの開発成果を分析した結果である．エンジニアの問題解決行

表 3-11　回帰分析に使用した変数の要約統計量

	日本		韓国		中国	
	平均	標準偏差	平均	標準偏差	平均	標準偏差
個人の開発成果	6.717	1.647	6.579	2.061	8.172	1.031
組織の開発成果	6.669	1.613	6.529	2.036	8.170	1.063
担当内問題解決の組織レベル	2.380	0.853	2.316	0.906	2.606	0.789
担当外問題解決における能動性	1.971	1.064	1.253	0.835	1.516	1.071
従業員数	1211.338	4194.903	3127.837	10742.220	2310.719	5545.031
企業年齢	44.495	23.642	26.326	15.970	17.938	11.135
エンジニア年齢	41.884	7.638	32.421	5.506	33.438	6.945
大卒ダミー	0.806	0.397	0.889	0.314	0.784	0.413
男性ダミー	0.968	0.177	0.863	0.345	0.863	0.345
職位カテゴリー変数	2.623	1.181	2.068	1.099	2.065	1.092
リーダーダミー	0.727	0.447	0.347	0.477	0.739	0.441
製品のインテグラル度[1]	0.722	0.449	0.721	0.450	0.582	0.495
コンポーネント間の干渉度[2]	3.731	1.109	3.921	0.896	4.085	0.638
開発組織構造[3]	1.748	0.812	1.868	0.769	1.928	0.640

注 1) 製品のインテグラル度は，以下の質問文と図によって尋ねた．「あなたが開発に主に従事した主な製品・システムにおける「部品(コンポーネント)」と「実現された仕様」の関係は以下の図のいずれに近かったですか？」．図では，部品(コンポーネント)と仕様との関係の複雑さの異なる(単純/複雑) 2 つの図を提示し，いずれか選択をしてもらった．
2) コンポーネント間の干渉度は以下の質問によって尋ねた．「他のエンジニアの担当部品(コンポーネント)をどのように開発するかが，あなたの担当の部品(コンポーネント)の開発にどの程度影響しましたか？」．回答は 5 段階評価(1＝全く影響しなかった〜5＝非常に影響した)でなされた．
3) 開発組織編成は以下の質問によって尋ねられた．「あなたが開発に主に従事した主な製品・システムの開発は，次のうちどの組織体制で行われましたか？」．回答は，1．機能部門の課などが開発を担当し，当該製品・システム開発組織は特別に編成されない，2．機能部門の内部に，当該製品・システム開発組織が編成される，3．複数の機能部門からメンバーが集められて，当該製品・システム開発組織が編成される，のいずれかを選択してもらった．

動は，能動性について正の係数を得ているが，有意ではなかった．これに対し，列(2)の日本における開発組織レベルの開発成果を分析した結果では，能動性の係数が正であり，かつ 5％ 水準で統計的に有意であった．しかし，担当内問題解決の組織レベルについては，係数は正であるものの，有意ではなかった．つまり，日本の開発においては担当外問題解決行動における能動性が，開発組織レベルの成果にとって正の効果をもつとい

---

18) 記述統計量からもわかる通り，中国において開発成果達成度が平均的に高く，またそれぞれの国ごとに問題解決が果たす役割が異なる可能性を考慮し，推定は各国ごとに別々に行った．また，質問紙調査票の設計上，企業ごとに複数のエンジニアに聞き取りを行っているため，企業固定効果を制御することも可能である．しかし，問題解決行動は，開発組織ではなく，企業によって決定されている点が多分にあると考えられるため，企業固定効果は制御せずに分析を行った．
19) この推定において，内生性の問題については十分に制御されているとはいいがたい．開発組織・エンジニア・企業・製品の属性が問題を発生させ，またそれが成果に影響していることは十分に考えられる．できる限りこれらの属性は明示的に制御したが，このような内生性の完全な制御については今後の課題としたい．

表 3-12 開発成果の決定要因，最小二乗法による推定

	日本		韓国		中国	
	(1) 個人の開発成果	(2) 組織の開発成果	(3) 個人の開発成果	(4) 組織の開発成果	(5) 個人の開発成果	(6) 組織の開発成果
担当内問題解決の組織レベル	0.0293 (0.162)	−0.0151 (0.131)	0.0811 (0.161)	0.146 (0.152)	−0.160 (0.148)	−0.194 (0.140)
担当外問題解決における能動性	0.191 (0.124)	0.294** (0.125)	0.348** (0.175)	0.411** (0.170)	0.177 (0.112)	0.194* (0.109)
ln(従業員数)	0.155 (0.143)	0.218 (0.138)	0.0221 (0.104)	−0.0606 (0.112)	0.0976 (0.0820)	0.158* (0.0862)
ln(企業年齢)	0.0710 (0.195)	0.140 (0.175)	0.118 (0.203)	0.136 (0.202)	−0.220 (0.244)	−0.240 (0.238)
ln(エンジニア年齢)	−1.539 (0.947)	−1.051 (0.839)	−0.101 (1.978)	−2.254 (2.003)	0.229 (0.524)	0.271 (0.540)
大卒ダミー	−0.356 (0.261)	−0.244 (0.257)	−0.122 (0.418)	−0.143 (0.398)	−0.454 (0.279)	−0.446 (0.286)
男性ダミー	−0.679 (0.595)	−1.480* (0.819)	−0.268 (0.495)	−0.138 (0.452)	0.233 (0.441)	0.361 (0.486)
職位カテゴリー変数	0.401** (0.143)	0.284** (0.126)	0.302 (0.290)	0.474 (0.298)	0.0687 (0.103)	0.132 (0.100)
リーダーダミー	−0.0491 (0.272)	0.175 (0.273)	0.796** (0.367)	0.551 (0.368)	−0.462 (0.297)	−0.575* (0.302)
製品のインテグラル度	−0.0935 (0.278)	−0.224 (0.260)	0.448 (0.317)	0.373 (0.319)	0.534* (0.287)	0.333 (0.296)
コンポーネント間の干渉度	−0.116 (0.121)	−0.176* (0.106)	0.486** (0.194)	0.640** (0.176)	0.157 (0.154)	0.0925 (0.160)
開発組織構造	0.208 (0.146)	0.186 (0.138)	0.168 (0.191)	0.0129 (0.189)	0.162 (0.275)	0.230 (0.263)
定数項	10.826** (3.334)	9.407** (2.983)	2.694 (6.100)	9.739 (6.248)	6.458** (2.391)	6.087** (2.625)
自由度調整済み決定係数	0.0911	0.0931	0.1919	0.1941	0.1242	0.1243
サンプル数	196	194	190	190	122	122

注）カッコ内の数字は標準誤差であり，** は 5% 水準で，* は 10% 水準で統計的に有意であることを意味する．

える．

　列(3)は韓国におけるエンジニア・レベルの開発成果を分析した結果である．韓国においてはエンジニア・レベルの開発成果について，能動性の係数が正で有意であった．同様に列(4)において開発組織レベルの成果についても能動性の係数は正であり，有意であった．つまり韓国において，能動性は，エンジニア・レベルと開発組織レベル双方の開発成果に対して正の効果をもつ．列(5)は中国におけるエンジニア・レベルの開発成果を分析した結果である．エンジニアの問題解決行動は担当内外ともに係数は正であったが，有意ではなかった．列(6)は中国における開発組織レベルの開発成果を分析した結果である．ここでも能動性の係数は正であり，10% 水準で統計的に有意であった．

第7節 考　察

　以上の分析結果をまとめたものが表3-13である．取り上げる項目としては，(1)担当業務内で発生した具体的問題，(2)担当業務外で発生した具体的問題，(3)担当内問題に対する解決行動，(4)担当外問題に対する解決行動，(5)問題解決行動が開発成果に及ぼす効果，の5つである．

　(1)担当業務内で発生した問題に関しては，日本ではメンバーとリーダーとの間で認識の相違はなく，①不具合，②仕様変更，③人員不足，という順番である．他方，韓国では，メンバー・リーダーともに，仕様変更を第1位に挙げているけれども，第2位は，メンバーが不具合を，リーダーが人員不足を挙げるという相違がある．これに対して，中国のパターンは日本に似ているが，第3位がメンバーは予算不足，リーダーは人員不足を挙げるという違いがある．

　(2)担当業務外で発生した問題に関しては，各国とも，メンバーとリーダーとの間に認識の相違がある．まず日本では，メンバーにとっては，①不具合，②仕様変更，③納期遅れ，ならびに目標品質の未達成である．リーダーにとっては，①不具合，②人員不足，③仕様変更である．次に韓国では，メンバーにとっては，①仕様変更，②不具合，③納期遅れであり，リーダーにとっては，①不具合，②人員不足，③納期遅れである．さらに中国をみれば，メンバーは，①仕様変更，②目標品質の未達成，③不具合，納期遅れを挙げ，リーダーは，①仕様変更，②納期遅れ，③目標品質の未達成を挙げている．

　(3)担当業務内問題に対する解決行動としては，問題解決の組織レベルと個人の行動が重要である．現場レベル(1)から上位組織(4)までの順序カテゴリー変数の加重平均値でみると，日本と韓国が現場寄りの問題解決で，中国は上位組織寄りの問題解決である．組織レベルと個人の労働時間配分との関係をみると，現場に問題解決が委ねられている日本と韓国では，上司との打合せ時間が減り，自分一人の労働時間が増える．これは，両国で問題解決が現場に委ねられ，エンジニア個人が主体的に行動していると解釈できる．これに対して中国では，上位組織寄りの解決であるに

表 3-13 分析

	日本
担当業務内で発生した具体的問題, および問題カテゴリー数 (*** は 1% 水準で統計的に有意)	メンバー：①不具合, ②仕様変更, ③人員不足 リーダー：①不具合, 仕様変更, ②人員不足 メンバー：2.08, リーダー：2.63***
担当業務外で発生した具体的問題 (最も解決が難しかった問題)	メンバー：①不具合, ②仕様変更, ③納期遅れ, 目標品質の未達成 リーダー：①不具合, ②人員不足, ③仕様変更
担当業務内問題解決の組織レベル, および個人の労働時間配分	問題解決の組織レベル： 　現場寄り(加重平均値 2.38) 問題解決の組織レベルが現場レベルに近いほど上司との打合せ時間が減る.
担当業務外問題に対する解決行動[1]	「仕様変更」「不具合」「予算不足」「人員不足」「納期遅れ」「製品原価の未達成」「目標品質の未達成」のすべての問題で「能動性」の値が他国より高い.
問題解決行動が開発成果に及ぼす効果 (3 か国別最小二乗法推定)	問題解決の組織レベルは有意ではないが, 「能動性」は組織の開発成果に対して正で有意である.

注 1)「0. 問題解決に関与しなかった」から「3. 他の人に指示・依頼される以前に積極的に問題解決に関与した」の 4 つの選択肢から, 現実の問題解決行動を選択するように求めた. この回答は, 担当外問題解決関与への「能動性」を示していると考えられる.

もかかわらず, 組織レベルが高まると自分一人の労働時間が増える. これは, リーダー自らが問題解決に取り組むためではないかと解釈できる.

(4)担当業務外問題解決において能動性が最も高いのが日本で, 最も低いのは韓国であった. 中国はその中間である. 日本と韓国では, 担当内問題に関する限り, 現場レベルで問題解決を行う度合に顕著な違いはない. こうした類似性にもかかわらず, 担当外問題解決行動に関する日本と韓国の結果は対照的である. なぜ担当内問題解決において職能主義の韓国は, 日本に近く現場寄りであるのに, 担当外問題解決では職務主義の中国よりも能動性が低いのだろうか.

結果のまとめ

韓国	中国
メンバー：①仕様変更，②不具合，③人員不足 リーダー：①仕様変更，②人員不足，③不具合 メンバー：2.18，リーダー：2.56***	メンバー：①不具合，②仕様変更，③予算不足 リーダー：①不具合，②仕様変更，③人員不足 メンバー：1.60，リーダー：1.84
メンバー：①仕様変更，②不具合，③納期遅れ リーダー：①不具合，②人員不足，③納期遅れ	メンバー：①仕様変更，②目標品質の未達成，③不具合，納期遅れ リーダー：①仕様変更，②納期遅れ，③目標品質の未達成
問題解決の組織レベル： 　現場寄り（加重平均値 2.32） 問題解決の組織レベルが現場レベルに近いほど自分一人の労働時間が増え，上司との打合せ時間が減る．	問題解決の組織レベル： 　上位組織寄り（加重平均値 2.61） 問題解決の組織レベルが上位に近いほど自分一人の労働時間が増える．
「納期遅れ」のみ，中国より高いが，他のすべての問題で日本と中国に比して「能動性」の値が低い．	「仕様変更」「不具合」「予算不足」「人員不足」「製品原価の未達成」「目標品質の未達成」において，「能動性」の値が日本より低いが韓国より高い．
問題解決の組織レベルは有意ではないが，「能動性」は個人の開発成果に対しても組織の開発成果に対しても正で有意である．	問題解決の組織レベルは有意ではないが，「能動性」は組織の開発成果に対して正で有意である．

　本調査では，幸いにして職務定義と実際の仕事（との乖離）に関する質問を行ったから，その結果を使って解釈してみよう．調査では，仕事内容が事前に「明確に定義されていた」「やや明確に定義されていた」とした回答者に対して，実際に行った仕事の範囲を尋ねた．その設問に対し「かなり狭かった」「やや狭かった」と回答したメンバーの割合は，韓国 23.2%に対し，中国 5.3% であった．これから，韓国のメンバーは職務定義範囲未満の仕事しか行っていないことがわかる．また「やや広かった」「かなり広かった」と回答したリーダーの比率は，韓国 70.8%，中国 61.5%で，現実の仕事範囲が職務定義以上に広かったと回答したリーダーの比率

が韓国の方が高い．以上より，韓国のメンバーは職務定義範囲未満の仕事しか行っておらず，リーダーがその不足分をカバーすることになっていると考えられる．つまり，職務定義問題とは無関係に，韓国のメンバーは自らの業務に集中しており能動性の発揮が不十分に留まると推察される．

(5) 問題解決行動が開発成果に対してもつ効果は次の通りである．担当内問題解決レベルはいずれの国のいずれの開発成果にとっても有意な効果をもたないのに対し，担当外問題に対する能動性は，すべての国において開発組織レベルの開発成果に正で有意な効果をもつことが明らかとなった．

組織レベルの成果に能動性が効果をもち，かつ個人レベルの成果に効果をもたないという結果については，次のように解釈することができよう．すなわち，能動性とは担当外問題に対する対処であるため，それはエンジニアの担当内開発成果にとって影響は少ない．これに対して担当外の問題の積極的関与は開発全体としての成果に対して好影響を与えるであろう．組織レベルの開発成果にのみ能動性が正の効果をもつのは以上のような理由のゆえと考えられる[20]．

以上より，エンジニアの問題解決行動と開発成果との間に統計的に有意な関係性があることがわかった．しかし，本書の第1章では製品アーキテクチャとエンジニアのコーディネーション能力との間にも密接な関係があることが，理論的にも実証的にも示されている．特に本節で得た，問題解決行動のうち能動性のみが開発成果に有意な影響をもつという結果に関しては，製品アーキテクチャの観点から，より深い分析を行うことが今後重要であると考えられる．製品のインテグラル度とは，コンポーネント間関係の複雑さ，干渉度の高さと解釈することが可能であり，担当業務外で生じた問題は，製品のインテグラル度が高まるにつれて，担当業務内の開発への影響が大きくなると考えられる．したがって，開発する製品のインテグラル度によって，担当外問題への対応は大きく変わり得ると考えられ

---

[20] 第5節において，エンジニアの問題解決行動と問題発生時の業務時間配分との間に関係があることが示された．それを受けて，本節の回帰分析において通常時の業務時間配分を共変量として導入した分析も行ったが，以上の結果は頑健であることが示された．

る．同様に，製品のインテグラル度が高まると，担当内問題が，担当外の開発に与える影響も大きくなるため，担当内問題への対処の方法は変わり得ることも考えられる．本節の分析では担当内問題解決レベルは開発成果に有意な影響をもたなかったが，製品アーキテクチャとの関連性について今後深く分析を行うことによって，エンジニアの問題解決行動と開発成果との関係がより鮮明になることが期待される．

第8節　おわりに

　以上の分析では，日本・中国・韓国のエンジニア個人を対象にした質問紙調査データに基づき，製品開発プロセスで実際に発生した問題と，メンバー・リーダーによる実際の問題解決行動を具体的に明らかにした．その上で，問題解決行動が開発成果に及ぼす効果を測定した．

　その結果，以下の3点が析出された．第1に，担当業務内で発生した問題を現場レベルで解決しようとするのは日本であり，上位組織で解決しようとするのは中国である．韓国は日本に近い．第2に，担当業務外の問題解決のための協力という意味でのエンジニア個人の能動性は日本で最も高く，韓国で最も低い．中国はその中間である．第3に，担当内問題解決の組織レベルは，いずれの国のどの開発成果に対しても有意な効果をもたないのに対し，担当外問題解決での能動性は，いずれの国の開発組織レベルでの開発成果に対しても正で有意な効果をもつ．

　日本・中国・韓国を対象に，製品開発において発生する問題が具体的にどのようなものであるかを特定し，その問題に対する解決行動がいかなるものであったかを明らかにしたことは，先行研究に対する新たな貢献である．とりわけ，問題解決行動が開発成果に対してどのような効果をもつのかを計量的に示した点に本章の分析の新規性がある．

第4章　製品開発におけるアイデア創出，
　　　　コンセプト策定，および人材マネジメント
　　　　——企業レベルでの日中韓比較——

第1節　はじめに

　前章では，開発工程で発生するさまざまな問題を誰がどのように解決するのかを明らかにすることに努力を傾注した．その際，「どのようなコンセプトの製品なのか」は与件とされた．しかしながら，製品開発の全体像を把握しようとするとき，それは与件のままであってはならない．企業が財・サービスを新たに構想するとき，そのアイデアはどのように生み出され，いかに複数の案がひとつに絞り込まれ，最終的に製品コンセプトになっていくのだろうか．そして，その背後に，どのような人材マネジメントがあるのだろうか．製品開発における重要な問いがここにある．

　けれども，この問いに答えることはけっして容易ではない．というのも，アイデアは，少なからぬ状況において，ごく少数の人の頭の中にあり，容易に外部から観察できないからである．だが，どのようにすばらしいアイデアも，最終的には設計図に具現化されない限り，製品として実現することはない．言い換えると，アイデアの創出それ自体は観察できなくても，アイデアが設計図として具現化するプロセスは外部から観察が可能である．しかもその具現化は，人びとの分業と協業によって成り立っている．スティーブ・ジョブズもいうように，「イノベーションは，研究開発費の額とは関係がない．アップル社がマックを開発したとき，米IBM社は少なくとも私たちの100倍の金額を研究開発に投じていた．大事なのは金ではない．抱えている人材，いかに導いていくか，どれだけ目標を理解しているかが重要」(『フォーチュン』誌1998年11月9日号)であるならば，その過程を分析することが製品開発やイノベーションの理解にとって不可欠であろう．

前述の過程は，製品開発の上流工程(フロントエンド)と呼ばれる．本章では，日本・中国・韓国の製造業およびソフトウェア業の企業を対象に，独自に行った調査に基づいて，上流工程の構造と機能を明らかにする．こうした分析を行うのは，企業の競争優位の源泉が，ものづくりの部面から製品構想の領域へと急速にシフトしつつあり，日本企業の最近の苦境の真因がこうしたシフトへの適応不全にあると考えるからである．

第2節　調査の方法とデータの説明

本章で用いた調査票では，冒頭で図 4-1 のような対象領域の限定を行った．また，3 か国同一の質問になるように，翻訳と逆翻訳を経て，事前チェックのための予備調査(プリテスト)を行い，実務家のコメントにより調査票を改訂した上で本調査を実施した．対象企業や回収標本の状況は表 4-1 で報告されている．

調査方法は，日本に関しては，質問紙郵送調査法による．調査区域は全国で，サンプル・フレームとしては，「東京商工リサーチ企業情報データベース」を利用した．調査対象は，製造業では従業員数 200 人以上，ソフトウェア業では従業員数 50 人以上の民間企業である．調査期間は 2016 年 2 月 1 日から 2 月 26 日までであった．回収状況は表 4-1 (a) の通りである．

韓国の調査方法は企業調査を専門とする現地調査員による訪問面接法である．サンプル・フレームは「統計庁 2014 全国事業体調査基準」を利用した．電話で調査に同意した企業を訪問した．調査対象は，製造業では従業員数 200 人以上，ソフトウェア業では従業員数 50 人以上の民間企業である．調査区域は全国である．調査期間は 2016 年 1 月 19 日から 2 月 25 日までであった．回収状況は表 4-1 (b) の通りである．

中国の調査方法も，企業調査を専門とする現地調査員による訪問面接法である．サンプル・フレームは「CBC 中国企業リスト」である．調査対象は，製造業では従業員数 200 人以上，ソフトウェア業では従業員数 50 人以上の企業である．日本と韓国とは異なり，調査区域は 6 地域であ

93

図 4-1　調査対象の限定

る．調査期間は 2016 年 1 月 5 日から 2 月 1 日までであった．回収状況は表 4-1(c) の通りである．

　なお，調査票では，同じく冒頭で，対象製品を「過去 5 年間(2010～14 年度)で <u>売上高の伸び率</u> が最も高かった製品・情報システム」と特定化した．このようにした理由は，「売上高の最も高かった製品」にすると，新規開発を終えて長い時間が経過し，①派生商品化して，われわれが明らかにしたい「製品開発における製品のアイデア出しや製品コンセプト策定などの上流工程」の重要性が乏しくなっている，または②上流工程に関与した社員が異動または退職して，正確な情報を得られない，と判断したためである．

第 3 節　上流工程の構造

　上流工程について詳しく述べる前に，まずは製品開発プロセスの全体像を俯瞰しておこう．本章が対象としている製品開発の上流工程は，製品コンセプトを創り出すことによって，製品の開発成果を決定づける重要な工程である．その上流工程のフローを，本調査の設問と問題意識に即して示したものが図 4-2 である．

　その上で，社内で実施した工程と外注工程を確かめよう．図 4-3 は，社内で実施した工程の割合を示す．日本と中国では，各工程を社内で実施した企業の割合がまんべんなく高いが，韓国では，下流工程である「試作・検証」「工程設計・量産試作」が顕著に低い．図 4-4 にみるように，生産の外注が多いためであろう．

　まず，図 4-4 により，中核的な部分を外注していた業務を把握しよう．3 か国とも，「製品企画」「マーケティング」「営業」の中核部分を外注している企業の割合はきわめて低い．しかし，「生産」では日本(25.8%)，中国(20.8%)に比べて韓国は 38.1% と高めになっている．以上の業務の中核

表 4-1 調査対象と回収状況

(a) 日本

	母集団	対象企業数	回収企業数	回収率(%)
全体	4,626	1,065	128	12.0
製造業	1,979	709	102	14.4
ソフトウェア業	2,647	356	26	7.3

注)　サンプル・フレームは「東京商工リサーチ企業情報データベース」である.
　　製造業は中分類コード 25-31,ソフトウェア業は小分類コード 391 を対象にした.
　　製造業は従業員数 200 人以上,ソフトウェア業は従業員数 50 人以上に限定した.
　　調査方法：電話スクリーニングの後,質問紙郵送法.
　　調査期間：2016 年 2 月 1 日から 2 月 26 日.

(b) 韓国

	母集団	対象企業数	回収企業数	回収率(%)
全体	2,650	564	134	23.8
製造業	2,210	487	104	21.4
ソフトウェア業	440	77	30	40.0

注)　サンプル・フレームは「統計庁 2014 全国事業体調査基準」である.
　　製造業の場合,下記 6 業種を対象に従業員 200 人以上の 487 社を抽出し,電話連絡の結果,調査に同意した 104 社を調査した.
　　　①電子部品,コンピューター,映像,音響・通信機器製造業
　　　②医療,精密,科学機器および時計製造業
　　　③電機装備製造業
　　　④その他機械および装備製造業
　　　⑤自動車およびトレーラー製造業
　　　⑥その他運送用装備製造業
　　ソフトウェア業の場合,出版などを除いて下記 3 業種について従業員 50 人以上の 77 社を抽出し,電話連絡の結果,調査に同意した 30 社を調査した.
　　　①通信業
　　　②コンピューター・プログラミング,システム統合および管理業
　　　③情報サービス業
　　調査方法：現地調査員による訪問面接法.
　　調査期間：2016 年 1 月 19 日から 2 月 25 日.

部分を外注していないとする企業の割合も,中国(74.2%),日本(63.3%)に比べて韓国は 50.7% と低い.ここから韓国企業の高い外注志向をうかがい知ることができる.

次に,製品開発時間についてみよう.図 4-5 は製品開発期間(延べ月数)を示す[1].延べ製品開発期間は,上流工程,下流工程ともに,日本＞韓国＞中国の順で長かった.図では示さないが,最上流工程である「アイデ

(c) 中国

		母集団	回収企業数	回収率(%)
全体	合計	10,201	120	1.2
	製造業	8,743	90	1.0
	ソフトウェア業	1,458	30	2.1
北京	合計	2,983	33	1.1
	製造業	2,526	25	1.0
	ソフトウェア業	457	8	1.8
上海	合計	2,519	33	1.3
	製造業	2,253	25	1.1
	ソフトウェア業	266	8	3.0
広州	合計	2,111	30	1.4
	製造業	1,795	23	1.3
	ソフトウェア業	316	7	2.2
深圳	合計	1,544	5	0.3
	製造業	1,268	2	0.2
	ソフトウェア業	276	3	1.1
江蘇	合計	418	9	2.2
	製造業	353	7	2.0
	ソフトウェア業	65	2	3.1
浙江	合計	626	10	1.6
	製造業	548	8	1.5
	ソフトウェア業	78	2	2.6

注) サンプル・フレームは「CBC 中国企業リスト」である.
製造業は従業員数 200 人以上,ソフトウェア業は従業員数 50 人以上に限定した.
調査方法：現地調査員による訪問面接法.
調査期間：2016 年 1 月 5 日から 2 月 1 日.

ア出し」の開始から上市(新製品の発売)までにかかった期間も,日本(24.5 か月),韓国(18.1 か月),中国(14.1 か月)の順であった.表は割愛するが,各工程への参画人員数が中国で最大であったことと併せて考えると,中

---

1) ここでの延べ月数とは,上流の 4 つの工程,および下流の 3 つの工程すべてについて開始・完了時間の回答があった企業のみを対象に,それぞれ,上流工程および下流工程の延べ月数を計算している.したがって,図 4-6〜図 4-8 から算出される延べ月数とは異なることに留意されたい.

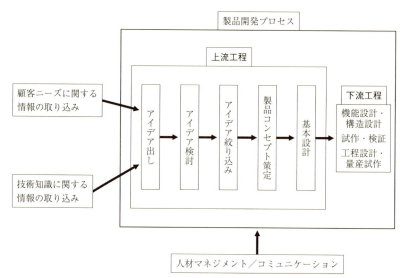

図 4-2　上流工程のフロー

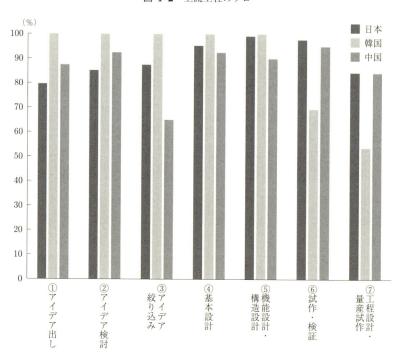

図 4-3　社内で実施した工程の割合

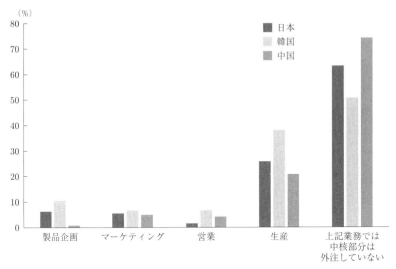

図 4-4　中核的な部分を外注していた業務の割合

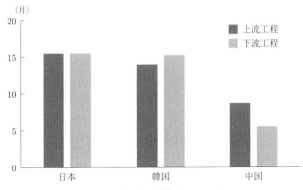

図 4-5　製品開発期間(延べ月数)

国企業はエンジニアを大量に投入し，素早く製品を開発しているといえる．

　前工程と後工程とを同時並行的に進めることは，開発期間を短縮する上で有効な手段だとされている(「コンカレント・エンジニアリング」ともいう)．そこで，前工程と後工程の重複度合を検討してみよう．図 4-6～図 4-8 は，各工程の開始時点と終了時点を国ごとに示す．前工程との重複月数を計算すると，すべての工程について韓国＞日本＞中国の順で長かっ

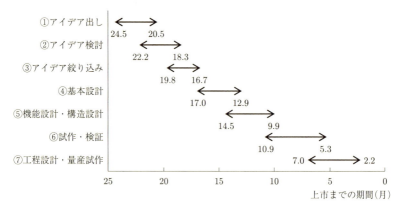

図 4-6　上市時点から遡った各工程の開始・終了時点——日本

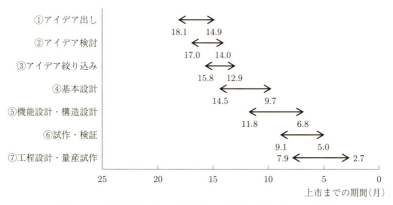

図 4-7　上市時点から遡った各工程の開始・終了時点——韓国

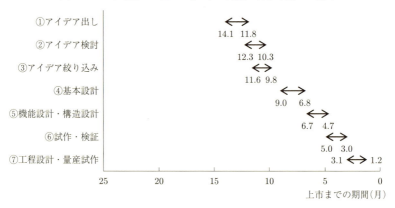

図 4-8　上市時点から遡った各工程の開始・終了時点——中国

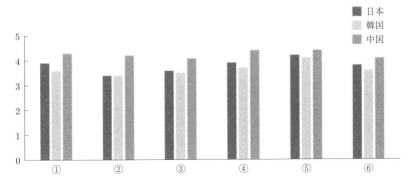

①製品企画担当者と製品開発担当者とのコミュニケーションが円滑に行われた
②マーケティング担当者と製品開発担当者とのコミュニケーションが円滑に行われた
③営業担当者と製品開発担当者とのコミュニケーションが円滑に行われた
④生産技術担当者と製品開発担当者とのコミュニケーションが円滑に行われた
⑤製品開発担当者内部でのコミュニケーションが円滑に行われた
⑥社内の製品開発担当者と外注先とのコミュニケーションが円滑に行われた

図 4-9　コミュニケーションの円滑さ(5 点尺度)

た．意図した結果か否かはわからないが，韓国と日本については，コンカレント・エンジニアリングが行われていると考えられる．日本と韓国に比べ，中国は前工程との重複が極端に短く，前工程と後工程の間隔が空いている箇所も存在する[2]．このことは，流れ作業的な分業原理に基づいた開発プロセスになっていることを示唆している．

第 4 節　担当者間コミュニケーションの状況

この調査では，開発プロセスにおける担当者間のコミュニケーションの円滑さについて，コミュニケーションの種類ごとに 5 点尺度で尋ねている(1=全くあてはまらない～5=非常にあてはまる)．図 4-9 はその回答を示す．

日本と韓国では「⑤製品開発担当者内部でのコミュニケーションが円滑に行われた」の得点が最高であった．中国でもこの項目は，トップの「④生産技術担当者と製品開発担当者とのコミュニケーションが円滑に

---

[2] 前工程と後工程の間隔が空いている箇所について，中国の個票データから計算してみると，ほとんどの企業では前工程と後工程の重複月数が 0 であったが，少数の企業で重複月数が負値となっていた．これらの例外的な企業の影響を受けて，前工程と後工程の間隔が空いているものと考えられる．

行われた」と大差ない得点で2位であった．各国で最低得点だったのは，日本と韓国では「②マーケティング担当者と製品開発担当者とのコミュニケーションが円滑に行われた」，中国では「⑥社内の製品開発担当者と外注先とのコミュニケーションが円滑に行われた」であった．また，すべての項目について，コミュニケーションの円滑さは，中国＞日本＞韓国の順で高かった．この結果は，韓国企業で開発工程間の調整が有効に機能していないことを示唆している．図4-6～図4-8からは，前工程と後工程の重複期間が最大である韓国企業が，コンカレント・エンジニアリングを最も有効に実施しているようにみえる．しかしその内実には，工程間調整の難しさという問題が伏在するのかもしれない．

第5節　外部情報の取り込み方

次に，外部情報の取り込み方について検討しよう．顧客・競合他社・技術に関する各社の状況を尋ねた質問に対する回答(5点尺度：1＝全くあてはまらない～5＝非常にあてはまる)を整理したのが図4-10である．このうち，「④競合他社の類似製品について評価・ベンチマークを行った」への回答は，中国(4.1)＞韓国(3.8)＞日本(3.6)の順で高かった．中国企業は，画期的な製品を根本から考えるよりも，競合他社のベンチマークを行って差別化することが重要だと考えているのかもしれない．

質問紙調査では，さまざまな情報源の有益度を，「市場ニーズを理解するための情報獲得」「技術知識を得るための情報獲得」という2種類の情報獲得活動について別個に尋ねた．市場ニーズを理解する上での，さまざまな情報源の有益度を示すのが図4-11である(5点尺度：1＝全く有益ではなかった～5＝非常に有益だった)．市場ニーズを理解する上で最も有益だった情報源は，日本と韓国では「⑤顧客」，中国では「③自社内の先行開発(要素技術開発)担当者」であった．逆に最も有益ではなかった情報源は，日本と韓国では「⑧コンサルタント」，中国では「⑬学会」だった．およそすべての情報源について，有益度が最高だったのは中国だった．情報獲得に最もかかわる職能は，マーケティングと営業である．のちに図4-31と図

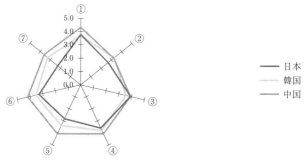

①顧客から要求される機能・仕様は開発開始時点で明確に把握できていた
②顧客から要求される機能・仕様は開発開始時点以降，大幅に変化した
③顧客に対してアピールできる差別化ポイントは開発開始時点で明確に把握できていた
④競合他社の類似製品について評価・ベンチマークを行った
⑤基礎技術・要素技術から開発をはじめる必要があった
⑥製品の技術的実行可能性について開発開始時点で検証済みであった
⑦製品の技術的実行可能性について開発開始時点以降，他社等の支援を必要とした

図 4-10　顧客・競合他社・技術に関する状況（5 点尺度）

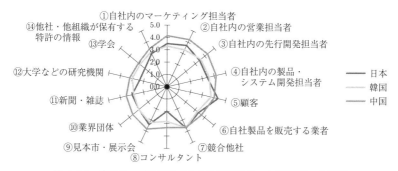

図 4-11　市場ニーズを理解するために有益だった情報源（5 点尺度）

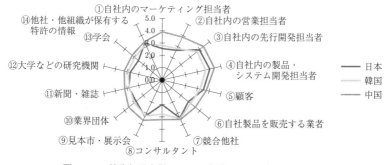

図 4-12　技術知識を得るために有益だった情報源（5 点尺度）

4-32でみるように，マーケティングおよび営業の職務経験をもつエンジニアが存在する企業の割合は中国で最高で，90％強にものぼる．推論にすぎないが，すべての情報源について中国企業が最高の有益度となった一因にはこの事実があると思われる．

情報源ごとに有益度の評価にどの程度ばらつきがあるかを検討してみよう．有益度が最高の情報源と最低の情報源の得点差を計算すると，日本(2.4)＞中国(1.2)＞韓国(1.0)の順であった．有益度の平均得点は中国(3.7)＞韓国(3.2)＞日本(3.2)の順序で，得点のばらつきを示す標準偏差はそれぞれ日本(0.63)＞中国(0.40)＞韓国(0.32)であった．これらのことから，中国は最も広範な情報源から平均して有益な情報を獲得していることがうかがえる．逆に日本は，比較的限られた情報源からのみ有益な情報を獲得しているといえる．このことの意味は，本章の末尾第8節で触れる．

他方，図4-12は，技術知識を得るための各情報源の有益度を示す(5点尺度：1＝全く有益ではなかった～5＝非常に有益だった)．技術知識を得る上で最も有益だった情報源は，日本と中国で「④自社内の製品・システム開発担当者」，韓国で「③自社内の先行開発(要素技術開発)担当者」だった．逆に最も有益ではなかった情報源は，日本と韓国では「⑧コンサルタント」，中国では「⑬学会」だった．すべての情報源について有益度が最高だったのは中国だった．市場ニーズを理解するための情報源の場合と同様に，マーケティングおよび営業の職務経験をもつエンジニアが多いことが一因だと推察される．

情報源ごとの有益度のばらつきをみてみよう．有益度が最高の情報源と最低の情報源の得点差は，日本(2.1)＞中国(1.2)＞韓国(1.0)の順であった．有益度の平均得点は中国(3.7)＞韓国(3.1)＞日本(3.0)で，得点のばらつきを示す標準偏差はそれぞれ日本(0.58)＞中国(0.40)＞韓国(0.33)であった．以上より，市場ニーズを理解する場合と同様に，中国は最も広範な情報源から平均して有益な情報を獲得していることがうかがえる．逆に日本は，比較的限られた情報源から有益な情報を獲得しているといえる．このことの意味についても，第8節で触れることとしたい．

第6節　製品コンセプトの策定者と策定方法

　今回の調査の主眼は，上流工程の実態を明らかにすることにある．上流工程の中核部分は，製品コンセプトの策定にある．この節では製品コンセプトの策定の方法とその主導者について検討しよう．

　上流工程への参画者と実質的主導者は誰だったのだろうか．図 4-13〜図 4-15 は，最上流工程である「製品コンセプトのアイデア出し」工程への参画者を国別に示す．それらによると，参画しているとする回答者が多かったのは，日本では，③製品開発エンジニア(71.6%)，①製品企画担当者(52.9%)，⑥営業担当者(47.1%)の順であった．また韓国では，①製品企画担当者(84.3%)，⑤マーケティング担当者(42.5%)，⑥営業担当者(41.0%)の順で，中国では，①製品企画担当者(88.6%)，②要素技術開発を担う担当者(72.4%)，③製品開発エンジニア(66.7%)の順であった．

　さらに，図 4-16 は最上流工程である「製品コンセプトのアイデア出し」の実質的主導者を示す．日本では，③製品開発エンジニア(36.3%)，①製品企画担当者(27.5%)，②要素技術開発を担う担当者(8.8%)であり，製品開発エンジニアが実質的に主導するとした回答が最多であった．これに対して韓国では，①製品企画担当者(59.7%)，⑦主要顧客(13.4%)，②要素技術開発を担う担当者(7.5%)，③製品開発エンジニア(7.5%)であった．また，中国では，①製品企画担当者(41.0%)，③製品開発エンジニア(21.9%)，②要素技術開発を担う担当者(21.0%)であった．つまり，中韓両国とも製品企画担当者が実質的主導するという回答が最多であった．

　図 4-17 は最下流工程である「工程設計・量産試作」の実質的主導者の割合を示す．日本では，③製品開発エンジニア(41.7%)，④製造・生産技術を担当するエンジニア(41.7%)とする回答が最多であり，それ以外の回答は無視できる割合しかなかった．韓国では，④製造・生産技術を担当するエンジニア(41.7%)，③製品開発エンジニア(18.1%)の順で回答が多く，中国でも，④製造・生産技術を担当するエンジニア(64.4%)，③製品開発エンジニア(23.8%)の順であった．つまり日本企業では，中流部に位置する機能設計・構造設計工程を主に担う製品開発エンジニアが，上流工程・

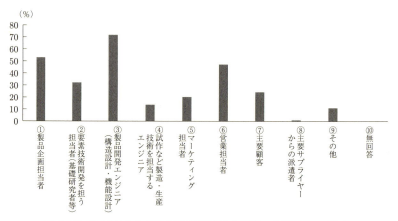

図 4-13 「製品コンセプトのアイデア出し」工程への参画率——日本

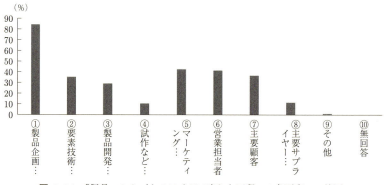

図 4-14 「製品コンセプトのアイデア出し」工程への参画率——韓国

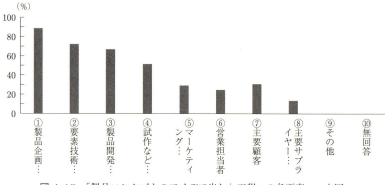

図 4-15 「製品コンセプトのアイデア出し」工程への参画率——中国

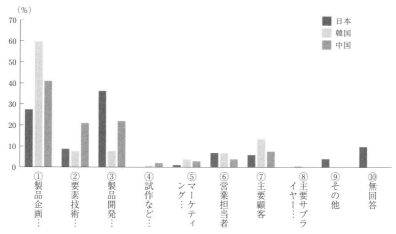

図 4-16 「製品コンセプトのアイデア出し」工程の実質的主導者の割合

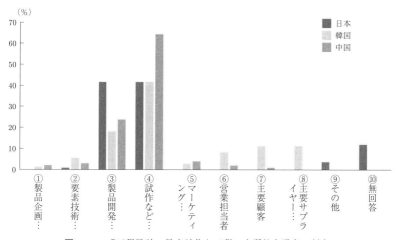

図 4-17 「工程設計・量産試作」工程の実質的主導者の割合

下流工程をも主導している割合が高いことがわかる.

以上のことが示唆するのは，中国と韓国では工程ごとに主導者が異なり，また日本では工程をまたがって一貫して製品開発エンジニアが主導する傾向があるということである．これをさらに確かめるため，製品開発エンジニアが「機能設計・構造設計」よりも上流・下流の他工程も主導している割合をみてみよう．図 4-18 は，より上流の他工程も主導し

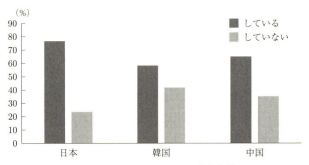

図 4-18　製品開発エンジニアが上流工程も主導しているか

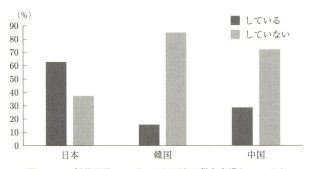

図 4-19　製品開発エンジニアが下流工程も主導しているか

ている割合が，日本(76.6%)＞中国(65.0%)＞韓国(58.2%)の順で高いことを示す．また図 4-19 は，より下流の他工程も主導している割合は，日本(62.5%)＞中国(28.3%)＞韓国(15.7%)の順で高いことを示す．つまり，日本企業では製品開発エンジニアが「機能設計・構造設計」工程以外の他工程をも主導している割合が高いことが確認できる．このことは，日本企業が開発工程間の統合に有利な開発体制になっていることを示唆している．

次に，上流工程主導者の属性をみていこう．まず図 4-20 は，最上流工程である「製品コンセプトのアイデア出し」工程の主導者の入社経緯を示す．日本企業の主導者は新卒入社が多く，中国・韓国企業の主導者は中途入社が多いことを示している．

次に，「アイデア出し」「アイデア検討」「アイデア絞り込み」の最上流 3 工程の主導者の職務経験を検討しよう．図 4-21 は，3 工程の主導者に

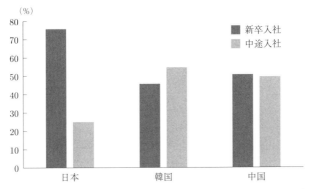

図 4-20 「製品コンセプトのアイデア出し」工程の主導者の入社経緯

「マーケティング」もしくは「営業」の職務経験があるか否かを国ごとに示す．職務経験があるという回答の割合は，韓国(56.0%)＞中国(40.8%)＞日本(30.0%)の順で高かった．

他方，3工程の主導者に「要素技術開発」「製品開発」「製造・生産技術」のいずれかの職務経験があるか否かを示す図4-22によると，職務経験があるという回答は，中国(95.9%)，韓国(90.3%)，日本(88.3%)の順で高かった．

以上，マーケティングもしくは営業の職務経験者が最上流3工程の主導者に多い韓国企業と中国企業では，日本企業に比べて，コンセプト策定プロセスに市場ニーズの視点を取りやすいと推察される．情報源ごとの有益度とそのばらつきに関する，第5節の分析結果と整合的である．

続いて，製品コンセプトの検討されたアイデアをひとつに絞り込む際の基準について検討してみよう．調査では，アイデア絞り込みの際に，各々の基準をどの程度重視したかを，10項目の基準について尋ねた(5点尺度：1=全く重視しなかった〜5=非常に重視した)．これら10項目の基準を，大きく「競合他社」「顧客」の2要因に集計して平均をとると，3か国とも，競合他社よりも顧客を重視していることが，図4-23よりわかる．なお，競合他社，顧客の2要因とも，重視している度合は中国＞韓国＞日本の順で高かった．

次に，アイデア絞り込みの基準を「品質」「今ある機能」「新機能」「価

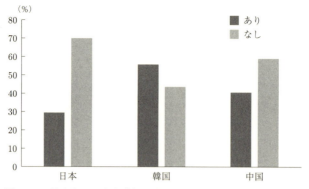

図 4-21　最上流 3 工程主導者の職務経験——マーケティングと営業

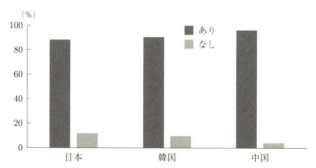

図 4-22　最上流 3 工程主導者の職務経験——要素技術開発，製品開発，製造・生産技術

格」「納期」の 5 要因に集計し，平均を算出した結果が図 4-24 である．日本と中国は，品質，今ある機能，新機能の順で重視している．韓国は，品質，今ある機能，価格の順で重視している．「品質」「今ある機能」「新機能」の 3 要因については中国＞日本＞韓国の順で重視されており，「価格」は韓国＞中国＞日本の順，「納期」は中国＞韓国＞日本の順で重視されていた．韓国企業が低価格を重視していることがうかがえる．

アイデア創出を有効かつ効率的に行うためには，「アイデア出し」工程では個人的作業の比率を高め，「アイデア絞り込み」工程では集団的作業の比率を高めるのがよいとする先行研究が存在する(Girotra, Terwiesch, and Ulrich, 2010 など)．

各工程での集団的作業の割合を示したのが図 4-25 である．最上流 3 工

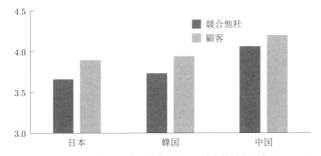

図 4-23 アイデア絞り込みの基準(1)――競合他社と顧客(5点尺度)

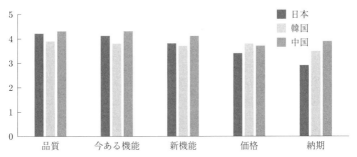

図 4-24 アイデア絞り込みの基準(2)――QCD(5点尺度)

程(「製品のアイデア出し」「製品のアイデア検討」「製品のアイデア絞り込み」)の集団的作業比率には,3か国間で統計的に有意な差はみられなかった.ただ,ここでは表を示さないが,10%刻みで集計し直してみたところ,3か国とも最頻値はほぼすべて「10〜20%未満」であったので,3か国とも,最上流3工程では個人的作業の比率が高い企業が多い点は共通しているといえる(ただし中国の「製品のアイデア検討」のみ,最頻値は「20〜30%未満」であった).なお,「基本設計」以降の工程では,集団的作業比率はいずれも韓国＞中国＞日本の順で高く,差は統計的に有意であった.

なお,集団的作業比率が高い工程は,日本では,③製品のアイデア絞り込み(40.5%),①製品のアイデア出し(38.5%),②製品のアイデア検討(37.5%)と,上流工程に集中している(数値は集団的作業比率.以下同様).これに対して中国では,④基本設計(32.5%),⑤機能設計・構造設計(31.9%),⑦工程設計・量産試作(29.9%)であり,韓国では,⑦工程設計・量産試作(45.1%),⑥試作・検証(39.0%),②製品のアイデア検討(35.8%)であり,

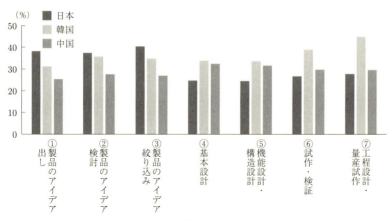

図 4-25 集団的作業の割合

両国ともほぼ下流工程に集中している．つまり，日本企業では上流工程が集団的作業，下流工程が個人的作業という組み合わせであるのに対し，中国・韓国企業では逆に，上流工程が個人的作業，下流工程が集団的作業という組み合わせになっている．中国についてはその理由がわからないが，韓国では生産の外注が多く，下流工程で外注先との打合せが多く必要なためではないかと推察される[3]．

上流工程で実施される主な業務は「製品企画」であるから，製品企画担当者がどのような人なのかを明らかにすることは重要であろう．本節の最後にこの問題を検討しよう．

図 4-26 は，製品企画とマーケティングとの関係について示す．日本では，製品企画担当者がマーケティング機能をも担っているという回答が最も多く(52.3%)，中国・韓国では，製品企画とマーケティングが分業関係にあるという回答が最も多かった(それぞれ 77.5%，62.7%)．

また，製品企画担当者は経営企画・技術者のいずれに近い存在なのかを尋ねた結果を示すのが図 4-27 である．3 か国とも「技術者に近い」とする回答の方が多かった(日本 75.0%，中国 71.7%，韓国 59.0%)．「経営企画

---

[3] 次の下流 3 工程について，顧客が参画している企業の割合を求めたところ，「機能設計・構造設計」(日本 3.1%，中国 5.6%，韓国 27.6%)，「試作・検証」(日本 3.3%，中国 9.6%，韓国 32.3%)，「工程設計・量産試作」(日本 0.9%，中国 10.9%，韓国 30.6%)であった．韓国企業で顕著に高い割合であることがわかる．

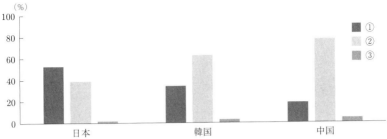

①製品企画担当者がマーケティング機能をも担っている
②製品企画担当者は製品コンセプトの策定者で,マーケティング担当者は市場調査により製品企画のための参考情報を提供するという分業関係にある
③マーケティングは外注している

図 4-26 製品企画とマーケティングとの関係

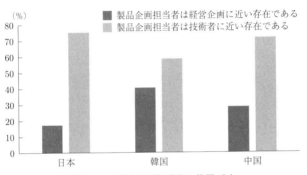

図 4-27 製品企画担当者の位置づけ

に近い」とする回答は,韓国 40.3%,中国 28.3%,日本 17.2% の順で多かった.

　以上の2点を考え合わせると,日本企業では,技術者に近い製品企画担当者がマーケティング機能も担っているとする度合が高い.川下にある開発工程との調整には有利であると考えられる反面,市場ニーズの情報が製品企画に入りにくくなる可能性があると考えられる.情報源ごとの有益度とそのばらつきに関する,第5節の分析結果はそのことを裏付けている.

第7節　人材マネジメント

　最後に，上流工程にかかわるエンジニアの人材マネジメントの実態を検討しよう．

　製品の市場での成功・失敗は，その製品のアイデアやコンセプトの提案者の処遇，つまり年収や昇進・昇格にどの程度影響するのだろうか．調査では5段階でその影響度を尋ねている(1=全く影響しない～5=非常に影響する)．その結果を図 4-28 と図 4-29 に示す．

　3か国とも，成功時の処遇との連動性の方が，失敗時のそれよりも強い．失敗時のリスクは企業側と分担されているといえる．成功時・失敗時の両方を含めて，日本と韓国では成功時に昇進・昇格に影響する度合が最も強かった(韓国3.6点，日本3.5点)．中国では成功時に年収に影響する度合が最高であったが(4.1点)，成功時に昇進・昇格に影響する度合と大差がない(4.0点)．日本と韓国ではポストによる長期的インセンティブ付与が相対的に強く，中国では年収による短期的インセンティブ付与とポストによる長期的インセンティブ付与とがほぼ同等に強いということである．日本と韓国は長期的インセンティブ付与にやや重心があり，中国では長期的・短期的インセンティブ付与がほぼ同等に重視されているといえる．

　また，成功の場合に年収に影響する度合は，中国(4.1)＞韓国(3.4)＞日本(3.3)の順に強く，成功の場合に昇進・昇格に影響する度合は中国(4.0)＞韓国(3.6)＞日本(3.5)の順で強かった．成功時のインセンティブは中国で最も強く，日本で最も弱いことがわかる．反面，失敗の場合に年収に影響する度合は，中国(3.6)＞韓国(3.2)＞日本(2.7)の順に強く，失敗の場合に昇進・昇格に影響する度合は中国(3.6)＞韓国(3.4)＞日本(2.7)の順に強かった．つまり，失敗時のペナルティの強度についても，成功時のインセンティブの場合と同様に，中国が最強，日本が最弱であった．だが3か国とも，成功の場合の方が処遇に反映される度合が強く，失敗の場合に処遇に反映される度合は抑制されている点は共通している．

　次に，図 4-30 はエンジニアにおける他社からの転職者の割合を示す．日本では「5% 以下」(回答者の 34.4%)とする企業が最も多く，中国・韓国

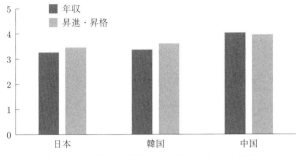

図 4-28　処遇への影響——成功の場合(5 点尺度)

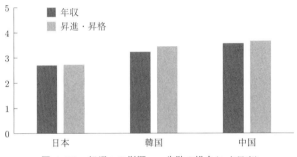

図 4-29　処遇への影響——失敗の場合(5 点尺度)

では「21% 以上」(それぞれ回答者の 28.3%,33.6%)とする企業が最も多かった.

最後に,エンジニアの職務経験についてみてみよう.調査では,「マーケティング」「営業」を担当した経験がある,当該製品を開発したエンジニアがどの程度いたのかを 5 段階で尋ねている(1=全員経験していなかった〜5=全員経験していた).その結果を図 4-31 と図 4-32 で示す.マーケティング,営業のいずれについても,日本と韓国では「全員経験していなかった」とする回答が最も多く,中国では「4 分の 1 程度の人が経験していた」(マーケティング),「半数程度の人が経験していた」(営業)とする回答が最も多かった.特に,マーケティングを経験しているエンジニアは,「全員経験していなかった」とする回答から示唆されるように,日本では約 30% の回答企業にしかいないが,韓国では約 50%,中国では 90% 強の回答企業に存在している.営業を経験したエンジニアについてもおよそ同

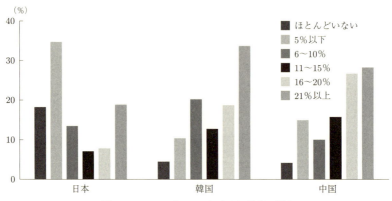

図 4-30 エンジニアにおける転職者の割合

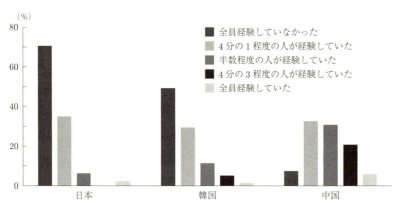

図 4-31 エンジニアのマーケティング経験の割合

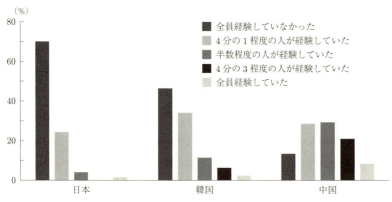

図 4-32 エンジニアの営業経験の割合

じ数字である[4]．日本の数値の低さは，市場の視点を開発に入れる上で問題となるかもしれない．

第8節　おわりに

以上の結果は，表4-2のようにまとめられる．

(1) 日　　本

①3か国の中で，最も少ない数の外部情報源から市場ニーズ・技術知識に関する情報を取り込んでいる．②製品開発の全工程を一貫して製品開発エンジニアが主導する割合が，3か国の中で最も高い．③上流工程主導者の職務経験に関しては，マーケティング・営業経験者の割合が3か国の中で最も低い．④エンジニアの作業形態が集団的か個人的かをみると，日本では上流工程が集団的作業，下流工程が個人的作業という組み合わせになっている．⑤製品企画担当者の位置づけについては，製品企画担当者が技術者に近いとする回答割合が3か国で最も高く，経営企画に近いとする回答割合が3か国で最も低い．⑥開発した製品の市場での成功と失敗とが処遇に反映される度合は，3か国中で最も低い．また，長期的インセンティブ付与(=ポストによる処遇)に重点が置かれている．⑦新卒採用を重視する度合が3か国中で最も高い．⑧営業・マーケティングを経験しているエンジニアが存在する企業の割合が3か国中で最も低い．

(2) 韓　　国

①多くの数の外部情報源から市場ニーズ・技術知識に関する情報を取り込んでいる．②製品開発の主導者は工程ごとに異なっている．③上流工程

---

[4] 中国でマーケティングおよび営業を経験したエンジニアが多いのは，マーケティングおよび営業経験をもつエンジニアの中途採用を重視しているためだという可能性がある．しかし，「新規学卒者の内部育成を重視」「新規学卒者の内部育成も経験者の中途採用も同じ比重」「経験者の中途採用を重視」のカテゴリー別に集計し直して比較したところ，マーケティングおよび営業経験をもつエンジニアが最も多いのは，いずれの場合も中国であった．つまり，中国にはマーケティングおよび営業経験をもったエンジニアが最も多いという結論は，企業が中途採用を重視しているか否かに関係なく成り立つ．

表 4-2 発見事実のまとめ

項　目	日本	韓国	中国
市場ニーズ・技術知識に関する情報の範囲	狭い	広範囲	広範囲
主な製品開発の主導者	開発エンジニア	工程ごとに異なる	工程ごとに異なる
上流工程主導者のマーケティング・営業経験者	少ない	最も多い	多い
上流工程の作業形態	集団的	個人的	個人的
下流工程の作業形態	個人的	集団的	集団的
企画担当者の位置：技術に近い(割合)	最も高い	最も低い	高い
企画担当者の位置：経営に近い(割合)	最も低い	最も高い	低い
開発製品の成否に対する処遇度合	最も弱い	中位	最も強い
インセンティブ付与	長期に重点	長期と短期　同等	長期と短期　同等
エンジニア人材採用	新卒重視	中途重視	中途重視
エンジニアの営業・マーケティング経験割合	最も低い	中位	最も高い

主導者の職務経験をみると，マーケティング・営業経験者の割合が3か国で最も高い．④上流工程が個人的作業，下流工程が集団的作業という組み合わせになっている．⑤製品企画担当者の位置づけをみてみると，技術者に近いとする回答割合が3か国で最も低く，経営企画に近いとする回答割合が3か国で最も高い．⑥開発した製品の市場での成功と失敗とが処遇に反映される度合は，3か国中で中位の強さである．長期的インセンティブ付与と短期的インセンティブ付与とが同等に重視されている．⑦中途採用を重視する度合が3か国で最も高い．⑧営業・マーケティングを経験しているエンジニアが存在する企業の割合は3か国の中間である．

(3) 中　国

①多くの数の外部情報源から市場ニーズ・技術知識に関する情報を取り込んでいる．②製品開発の主導者は工程ごとに異なっている．③上流工程主導者の職務経験としては，マーケティング・営業経験者の割合が高い．④上流工程が個人的作業，下流工程が集団的作業という組み合わせになっている．⑤製品企画担当者の位置づけに関しては，技術者に近いとする回答割合が高く，経営企画に近いとする回答割合が低い．⑥開発した製品の市場での成功と失敗とが処遇に反映される度合は，3か国中で最も強い．また，長期的インセンティブ付与と短期的インセンティブ付与とが同等に

重視されている．⑦中途採用を重視する度合が高い．⑧営業・マーケティングを経験しているエンジニアが存在する企業の割合が3か国中で最も高い．

第 5 章 製品開発における
　　　　上流工程管理と人材マネジメント
──開発成果に対する効果の検証*⁾──

第 1 節　はじめに

　製品開発の上流工程の構造と機能については前章で明らかにした．すなわち，顧客ニーズや技術知識に関する情報に基づいて，製品のアイデアを着想・検討し，それを製品コンセプトにまとめ上げ，製品機能を具体化する基本設計(製品アーキテクチャの決定と基本的な機能・構造設計)を行うまでが上流工程の作業内容である[1]．これに続き，製品機能の実現方法を詳細な設計図に具現化し，試作・検証などを行うのが下流工程である．

　製品のアイデアやコンセプトは真空の中で生み出されるものではない．既存の情報と知識の活用が不可欠である．第 1 に，市場ニーズに関する情報を有効に獲得して活用できているかどうか，第 2 に，最新の技術に関する知識が精査され取り込まれているか否かが重要である．

　もちろん，製品開発は上流工程だけでは完結しない．下流工程との組織的調整やコミュニケーションが円滑になされていることもまた，上流工程のアウトプットが適切に製品として実現されるために重要である．以上のような上流工程と下流工程の捉え方が本章の基本的な立場である．つまり，上流から下流にいたる一連の開発活動のプロセスを分析対象とすることを，あらかじめ強調しておきたい．

　本章の目的は，前章と同じ質問紙調査の結果データに基づき，製品開発

---

*)　本章の基となる草稿は，一橋大学経済研究所・定例研究会(2017 年 7 月 19 日)で報告され，討論者の河野英子教授(横浜国立大学)をはじめ，参加者諸氏から有益なコメントをいただいた．記して感謝申し上げる．
1)　本章では，製品アーキテクチャの決定までを上流工程として捉えるという分析的スタンスをとっており，基本設計には詳細な機能と構造の設計活動を含まないものとして定義している．

表 5-1 先行

項目	特徴
外部情報の獲得・活用のための組織プロセス	吸収能力，ゲートキーパー
	顧客志向
組織内コミュニケーション	R&D 部門とマーケティング部門との調整の円滑さ
	上流から下流にいたる一連の部門・部署間のコミュニケーションの円滑さ
開発エンジニアに対するインセンティブ付与	金銭的インセンティブ
	非金銭的インセンティブ

の上流工程管理と人材マネジメントとの関係が製品開発成果へどのような影響をもたらすのかを分析することにある．より具体的には，製品開発の上流工程における諸活動(市場と技術に関する情報収集，上流工程への各機能部門の関与度合，参加者間および下流工程とのコミュニケーションの状況など)と人材マネジメント(インセンティブ付与のあり方)とがいかなる関係にあるときに開発成果が高まるかを定量的に分析する．

第2節　先行研究の展望と仮説の設定

以下で詳しく述べるが，Smith and Reinertsen(1991)を嚆矢とする先行研究は，製品開発の上流工程のことを「フロントエンド」(frontend)，ないしは「ファジー・フロントエンド」(fuzzy frontend)と呼んできた．ここでフロントエンドとは，設計作業に入る前の，製品のアイデア創出からその承認までの一連のプロセスを指す(Verworn, Herstatt, and Nagahira, 2008)．たとえば，Khurana and Rosenthal(1998)は，フロントエンドは，「機会発見(アイデア創出および市場・技術分析)」「製品ポートフォリオ戦略立案」「製品コンセプト策定」「プロジェクト計画」の諸要素からなると論じてい

研究のまとめ

製品開発成果との関係	先行研究
吸収能力が高いほど開発成果が高まる	Allen(1977), 原田(1999), Cohen and Levinthal(1990), Foss, Laursen, and Pedersen(2011), Zahra and George(2002)
顧客志向度が高いほど開発成果が高まる	Atuahene-Gima, Slater, and Olson (2005), 川上(2005), De Luca, Verona, and Vicari(2010)
円滑であるほど開発成果が高まる	川上(2005), De Luca, Verona, and Vicari(2010), Song and Montoya-Weiss(2001)
円滑であるほど開発成果が高まる	Clark and Fujimoto(1991), Markham(2013)
不確実性が高い場合には開発成果を高める効果は逓減	Davila(2003), Joshi(2015), Wei, Frankwick, and Nguyen(2012), Sarin and Mahajan(2001),
不確実性が高い場合には開発成果を高める可能性が大きい	Wei and Atuahene-Gima(2009), Doeringer and Piore(1971), 小池(2005), 藤本(1998)

る．

　上流工程では，「どのような製品コンセプトが顧客に受け入れられるのか」を発見するための活動が行われている．これを受けて，下流工程では，いかにこのコンセプトを製品として実現していくのかに主眼が置かれている．言い換えれば，上流工程では，課題の設定が行われ，下流工程ではその課題の解決が行われているともみなすことができる[2]．

　本節で詳しくみる先行研究の結果をあらかじめ提示すると表5-1のようになる．先行研究では，①外部情報(顧客ニーズおよび技術知識)の獲得ルート，②組織内コミュニケーション(機能横断的統合)，③開発エンジニアに対する動機づけ(インセンティブ付与)という3つの要因に着目し，各要因と製品開発成果との関係を分析してきた．だが，3つの要因すべてを統合的に扱った上で，それらと開発成果との関係について十分に分析が行われてはいない．以下，研究の時系列的な流れと論点の変化に注目しながら先行研究の意義と限界を明らかにし，検証すべき仮説を設定する．

---

[2] 上流工程でも課題設定とその解決というルーティンが行われていることはいうまでもなく，われわれの質問紙でもそれを詳しく調べたが，本章の主目的である上流工程と下流工程との関係の分析の範疇を超えるので，その分析は別の機会に譲る．

1 製品開発論における上流工程への注目の高まり

1980年代後半以降,国内外の多くの研究者によって,製品開発組織のあり方(プロセス,構造,ルーティンなど)に関する研究や開発組織と開発成果との関係について実証研究が行われてきた.たとえば,Clark and Fujimoto(1991)では,製品開発のプロセスは「コンセプト創出」からはじまり,「製品計画」「製品設計」「工程設計」へとつながる一連の活動であると捉えられている.そして,開発成果全体に関して高い業績を達成していた組織の特徴は,強力な内的統合活動(機能部門間の調整・統合)と外的統合活動(市場ニーズとの適合を図ること)とを結合して,製品別のプロジェクト・マネージャー(PM)の下に集中させている組織であることが明らかにされている.そのような特徴をもつPMを保有している組織は,「重量級PM型組織」と呼ばれる.こうした組織においては,①開発作業が高度に並行的に処理されており(開発作業段階の重複化),②豊富で頻繁な双方向性の情報の流れ(緊密なコミュニケーション)が存在している.

1990年代後半に入ると,顧客ニーズの多様化や技術の高度化に伴い,優れた製品コンセプトを効率的に策定することの困難性・重要性がさらに高まった.製品開発活動とは,コンセプト策定からはじまり顧客満足へとつながる一連のプロセスである.その起点となる「アイデア創出」をいかにうまく管理していけばよいのか,言い換えれば,上流工程の管理をいかにして行えばよいのかについて関心が高まり,研究が進んでいる.

製品開発の上流工程に関する先行研究の端緒となったのが,Smith and Reinertsen(1991)やMurphy and Kumar(1997),Khurana and Rosenthal(1998)である.その後は,上流工程を「ファジー・フロントエンド」あるいは,「ファジー・フロントエンド・イノベーション」と呼ぶ研究が行われるようになった(Floren and Frishammar, 2012; Koen, Bertels, and Kleinschmidt, 2014).当初は,概念的な研究が進められ(たとえば,Khurana and Rosenthal, 1998; Kim and Wilemon, 2002など),上流工程は,複数のフェーズから構成されると考えられた.

2000年代半ば以降は,概念的な研究に留まらず,上流工程活動の成功要因に関して事例研究や質問紙調査に基づく実証分析が行われるよう

になった[3]．そこでは，主として，①上流工程の成功・失敗の測定指標，②上流工程の成功に影響を与える要因，③上流工程が下流工程に与える影響，などについて研究が行われている（たとえば，Verworn, Herstatt, and Nagahira, 2008; Verworn, 2009; Girotra, Terwiesch, and Ulrich, 2010; Kock, Heising, and Gemunden, 2015; Markham, 2013; Martinsuo and Poskela, 2011; Harvey et al., 2015 など）．このように，上流工程に関する研究は，上流工程だけでなく下流工程との関係まで視野に入れて行われるようになっている．

主な研究を概観しよう．Verworn(2009)では，上流工程においてさまざまな機能・部署からエンジニアを参加させることにより，①下流工程において設計変更などの問題の発生を抑えられることや，②下流工程におけるコミュニケーションを円滑に進められるようになることが示されている．加えて，下流工程において，プロジェクトメンバー間のコミュニケーション，およびマーケティング部署と開発部署とのコミュニケーションが円滑に行われていることによって，開発成果が高まることも示されている．

Markham(2013)では，①上流工程のプロセス，②上流工程の成果，③上流工程の成果が下流工程の成果に与える影響，の3点について実証分析されている．また，上流工程の成果が高いこと（優れた製品コンセプトが策定されている）が，下流工程の成功につながると主張されている．プロジェクト・マネージャー等による支援・推進活動が，上流工程および下流工程のいずれの成功にも貢献することも示されており，プロジェクト・マネージャーの一貫性の高さやアイデアそのものの価値を的確に理解することが重要であることが強調されている．

さらに，Kock, Heising, and Gemunden(2015)では，上流工程と下流工程との関係について，上流工程が成功するほど下流工程のプロジェクトも成功する傾向にあり，ハイリスクのプロジェクトであるほどその傾向が顕著であることが示されている．さらに，Martinsuo and Poskela(2011)

---

3) ただし，フロントエンドとは呼んでいないものの，コンセプト策定から量産試作までの一貫した活動を製品開発活動として，その有効性・効率性に影響を与える要因に関する実証研究（Clark and Fujimoto, 1991 や，藤本・安本編著，2000）は行われていた．

では，上流工程におけるアイデア選択過程において，どのような判断基準(戦略面，技術面，市場面)が重視されるのかによって，現市場における競争優位性や将来事業の可能性(新製品コンセプトや製品開発ノウハウの構築など)が影響を受けるのかについて実証的に分析されており，特に，技術面での評価基準を重視することの効果が大きいことが示されている．

以上のように，上流工程の管理にとって重要であることは，van den Ende(2015)もいうように，①多様なアイデアをいかに生み出せるか(アイデア創出)と，②それらのアイデアの中から有効なものをいかに効率的に選択するか(アイデア選択)，とであると考えられる．ただし，開発成果を高めていくためには，Khurana and Rosenthal(1998)やClark and Fujimoto(1991)，Verworn(2009)も指摘しているように，上流工程から下流工程にいたる一連の活動が適切に調整されることもまた重要である．

たとえば，各工程を担うエンジニア間での相互調整が行われることによって，上流工程において優れたアイデアが生み出される可能性が高まったり，下流工程において製品コンセプトが迅速かつ的確に実現できるという効果が期待される．したがって，顧客や技術に関する情報があいまいな状況で製品コンセプトを策定する上流工程と，そのコンセプトを的確に実現する下流工程の両方を対象とした上で，両工程での活動を効果的に行うためには，どのような組織プロセス，および当該プロセスを担う人材のマネジメントのあり方が有効であるのかを統合的に明らかにすることが必要である．

2　製品開発成果を高める組織的要因

前項で示された製品開発活動の一連の流れに従い，上流工程においてすぐれた製品コンセプトを策定し，下流工程においてそのコンセプトを的確に実現する組織プロセスを包括的に分析するためには，以下の3点について統合的に捉えることが必要である．すなわち，①上流工程において製品コンセプトを策定するためのインプットとなる顧客ニーズや技術に関する情報(外部情報)をどのようにして獲得するか，②獲得された外部情報を製品コンセプトや基本設計・詳細設計などの「設計情報」へ変換して

いくための組織プロセスの運用(部門間・メンバー間での調整・統合)をいかに行うか，③この組織プロセスを実際に担っているエンジニアをいかに処遇し動機づけるか，という3点である(青島，1997; Cohen and Levinthal, 1990; Clark and Fujimoto, 1991; Brown and Eisenhardt, 1995; Eisenhardt and Tabrizi, 1995; Krishnan and Ulrich, 2001; Foss, Laursen, and Pedersen, 2011; Song and Montoya-Weiss, 2001; Sarin and Mahajan, 2001; 川上，2005; Verworn, 2009; Sivasubramaniam, Liebowitz, and Lackman, 2012). 以下では，これら3点に関連する代表的な研究について本章に必要な限りで概観する.

(1) 外部情報の獲得と活用のための組織のあり方

開発活動のインプットとなる「顧客ニーズ」と「技術」に関する情報を効果的・効率的に獲得し活用するためには，どのような仕組み・プロセスが有効なのだろうか.

そもそも，外部の技術を効果的に獲得・活用するための組織のあり方に関する研究として，古典的にはゲートキーパー(Allen, 1977; 原田，1999)や吸収能力(Cohen and Levinthal, 1990; Zahra and George, 2002; Volberda, Foss, and Lyles, 2010)に関する議論が行われてきた. 2000年代に入ると，社外の技術資源を積極的に有効活用して，自社のイノベーションを促進していく取り組みであるオープン・イノベーションに関する議論が盛んに行われている(Chesbrough, 2003; Laursen and Salter, 2006; 米倉・清水編，2015). オープン・イノベーションに関する議論では，社外の技術資源を活用してイノベーションを促進するためには，社内の技術の棚卸や組織体制の再構築(社外との窓口となる専門組織の設置や外部知識への反発を抑えるなど)といった，組織内部のプロセスをいかに設計し運営していくのかが重要であると指摘されている(米倉・清水編，2015).

他方，顧客ニーズに適合する(さらには，新たな需要を創造する)コンセプトの策定や機能の開発を行う上で有効な開発組織のあり方について，2000年代以降，「顧客志向」(market/customer orientation)に関する研究が行われている. そこでは，顧客のニーズという組織の外部にある情報をいかに

的確に獲得して，それを開発プロジェクトにおいて活用するためには，どのような組織プロセスが有効であるのかについて実証的に分析されてきた．わけても，組織マネジメント上の工夫として主として研究が行われてきたのが，R&D部門とマーケティング部門との間の機能横断的・統合的な組織づくりと運営である(川上，2005)．

　顧客志向と製品開発成果との関係について行われてきた先行研究においては，開発成果として，①財務的指標(ROA，ROE，売上高など)，②市場シェア(市場競争力)，③イノベーションの新規性，④開発された製品の性能，が取り上げられており，これら開発成果の説明変数として，主として，①顧客志向(De Luca, Verona, and Vicari, 2010; 川上，2005)，②組織内調整のあり方(Foss, Laursen, and Pedersen, 2011; 川上，2005)，③インセンティブ・報酬の仕組み(Foss, Laursen, and Pedersen, 2011; Joshi, 2015; Wei, Frankwick, and Nguyen, 2012; Wei and Atuahene-Gima, 2009)，④組織風土(Troy, Szymanski, and Varadarajan, 2001; Wei and Morgan, 2004)，が注目されている．このような開発成果と組織変数との関係については，基本的には，①顧客志向の程度が高くなるほど開発成果が高まる，②部門間調整がうまくできているほど開発成果が高まる，③インセンティブの付与が短期的・結果ベースであるよりも，長期的・イノベーション志向であるほど開発成果が高まる，という関係が実証されてきた．加えて，環境の不確実性や技術の新規性，顧客ニーズのあいまいさなどをモデレータ変数として用いたり，各説明変数間の交互作用もモデルに入れて実証分析が行われている．

　以上のように，外部情報を効果的・効率的に獲得し活用するための仕組み・プロセスについて，先行研究では，「顧客ニーズ」または「技術」のいずれかを対象として研究が進められてきた．しかしながら，製品開発プロセスは，この両者をうまく組み合わせ，製品コンセプトを策定していく活動であるため，本章では，顧客ニーズと技術の両方を取り上げ，これらに関する情報を獲得する際に，どのような部署(担当者)を通じて集められたのかという情報獲得のルートとその多様性に注目する．これは，外部の知識を取り込む能力に関連するものであり，マーケティングや営業，技術

開発担当者など多くのルートから外部情報が獲得されているほど，上流工程へのインプットである顧客ニーズや技術知識が多様かつ豊富になり，それによって，多様なアイデアが創出されたり，アイデアの選択が的確に行われるようになると考えるゆえである(後出の仮説1に関係)．

しかしながら，たとえ外部情報をうまく獲得できたとしても，それを開発プロジェクトのメンバー間・フェーズ間でうまく共有・活用することができなければ，開発成果を高めることにはつながらない．すでにみたように，多くの先行研究では，組織内でのコミュニケーションが円滑であるほど開発成果が高まることが示されてきた．たとえば，Foss, Laursen, and Pedersen(2011)は，吸収能力に関する議論において，外部の知識を取り込む能力(outward-looking absorptive capacity)と取り入れた知識を組織内で活用・展開する能力(inward-looking absorptive capacity)とを区別し，両者を高めることが重要だと指摘した．また，Foss, Laursen, and Pedersen(2011)は，顧客との直接的なやり取りを通じて顧客情報を獲得しても，それだけでは開発成果は高まらず，外部から獲得された情報・知識を活用できるように，①部署間でのコミュニケーションが円滑に行われ，②メンバー間での知識共有を促進したり自らの専門知識を向上させるようなインセンティブが与えられているといった組織上の取り組み・工夫を媒介することによって，開発成果が高まることを示した．つまり，外部知識を単に取り込むだけでは不十分であり，それを社内で展開し活用できるような組織設計・運営が必要なのである．

したがって，本章でも，①外部から取り入れた情報・知識を活用するための組織プロセスとして，上流工程から下流工程にいたるコミュニケーションの円滑さ(後出の仮説2に関係)と，②顧客ニーズと技術知識とが的確に結びつけられているかどうかに影響を与える組織内調整プロセスとして，マーケティング担当者と製品開発担当者との間におけるコミュニケーションの円滑さに注目する(後出の仮説3に関係)．

(2) 開発エンジニアに対するインセンティブ付与と開発成果との関係

前述の組織内プロセスを担う主体である開発エンジニアやマネージャー

に対する動機づけ(インセンティブ付与)方法と開発成果との関係について,Davila(2003)では,①短期的に変動する金銭的インセンティブを与えるほど,開発成果が高まる傾向にあるが,その効果は逓減的であること,②開発プロジェクトの不確実性(市場面および技術面)が高まるほど,短期的に変動する金銭的インセンティブが利用される割合が減少すること,が示されている.この場合,むしろ長期的な関係を前提とした非金銭的なインセンティブの効果が高くなる可能性が示唆されている.本章の目的に照らせば,上流工程のように,そもそも不確実性の高いフェーズにおいてエンジニアを動機づけるためには,短期の開発成果に直結する金銭的なインセンティブよりも長期的な関係を前提とした非金銭的なインセンティブの方が有効だと推論する十分な根拠がある.

また,メンバー間での知識の共有を促進するような報酬システムの有無や評価制度構築における従業員の参加が,開発成果に対して与える影響が,Joshi(2015)やWei, Frankwick, and Nguyen(2012)において議論されている.さらに,Sarin and Mahajan(2001)では,インセンティブ付与と開発成果との関係について,機能横断的な開発チームを対象とした分析が行われている.そこでは,①成果ベースの報酬が高いほど,開発される製品の品質が高まること,②プロセス(開発の過程における行動や進め方など)ベースの報酬は,上市までのリードタイムや品質にネガティブな影響を与えること,が明らかにされている.ただし,プロジェクトのリスクが高く,製品の複雑性が高まるほど,成果ベースの報酬が,開発成果を高める効果は減少していくことも示されている.加えて,Wei and Atuahene-Gima(2009)では,低リスク(開発成果に応じてエンジニアの収入が増減する程度が低い)かつ長期志向度の高い(長期的な目的や戦略的目標の達成,短期より長期的結果の重視)報酬システムにおいて,顧客に関する情報の獲得や組織内での共有といった顧客志向的な活動は,開発成果(売上,利益,市場シェア)に対して正に有意な影響を与えることが析出されている.

以上の先行研究の主張をまとめよう.①基本的には,金銭的インセンティブが与えられるほど開発成果は高まる.ただし,開発プロジェクトの不確実性が高い場合には,②短期的な成果に連動する金銭的インセンティブ

の効果が低くなり，③長期的な組織目標の重視，専門知識の蓄積・向上といった非金銭的インセンティブが有効となる可能性がある．非金銭的インセンティブが付与されることにより，開発成果が高まる可能性が生じる理由として，開発エンジニアが長期的な視野にたって技能形成を行うことを促進するため，企業特殊的技能の形成を容易にするとともに，顧客ニーズや技術知識に関する理解力も深まり，機能横断的な調整・統合を高度に進めることを可能にすることが考えられる(Doeringer and Piore, 1971; 小池, 2005; 藤本, 1998)．こうした効果は，上流工程のように不確実性の高い開発活動を進める際に特に強まると考えられる．

3　分析課題と仮説

以上のように先行研究では，①外部情報(顧客ニーズおよび技術知識)の獲得ルート，②組織内コミュニケーション(機能横断的統合)，③エンジニアに対する動機づけ(インセンティブ付与)，といった3つの要因について，それぞれと製品開発成果との関係については議論されてきた．しかし，3つの要因すべてを統合的に扱った上で，それらと開発成果との関係について十分な分析は行われてはいない．

そこで，製品開発活動の一連の流れに従えば，①顧客ニーズや技術知識といった開発活動のインプット情報をどのように獲得するか，②得られた情報に基づいていかにして部署間・メンバー間で調整を行いながら製品コンセプトの策定から製品の具体化までを行うのか，③そのような活動を実際に担っているエンジニアをいかにして動機づけるのか，という3点について統合的に捉えて分析することが必要となる．

また，前項でみたように，エンジニアに付与されるインセンティブのあり方が，外部情報の獲得・活用および組織内調整がうまく行われるかどうかに影響を与える．とりわけ，上流工程では，長期的・非金銭的インセンティブの効果が高まると想定される．その理由は，上流工程のように不確実性が高い場合には，短期的成果に連動した金銭的インセンティブを開発担当者に付与すると，彼/彼女らがリスク回避的に振る舞う可能性が高くなり，その結果，開発成果が低下すると考えられるためである．逆に，

長期的な能力伸長や行動,成果に連動し,なおかつ,内在的なモチベーション(intrinsic motivation)に作用する長期的・非金銭的インセンティブを付与することによって,彼/彼女らのリスクテイクや能力発揮を促す可能性を高め,それによって,開発成果が向上すると考えられる.やりがいのある職務への配置は,そうしたインセンティブ付与の典型例であろう.なお,非金銭的な手段によって内在的なモチベーションに作用するインセンティブの重要性については,Frey(1998)やBowles and Polania-Reyes(2012),Bowles(2016)をはじめとする行動経済学の諸研究によっても解明が進められており,われわれの推論は,これらの先行研究とも整合的である.

したがって,本章では,製品コンセプトの策定と選択にあたり必要となる顧客ニーズや技術知識を獲得し活用するための組織的取り組み(各開発段階における担当者間(部署間)の調整のあり方やマーケティング担当者と製品開発担当者間の調整のあり方など)と,開発活動を担っているエンジニアへのインセンティブ付与のあり方に注目することにより,上流工程から下流工程にいたる一連の製品開発活動を効果的・効率的に管理するための方策について実証的に明らかにする.以上の先行研究の展望に基づいて,本章で検証する仮説は以下のように設定される(図5-1参照).なお,開発成果の指標としては,製品開発論の先行研究において一般的に用いられている変数,すなわち① QCD(品質・コスト・納期),②顧客満足度,③財務的指標(売上高,利益率,市場シェア)などを用いる.

仮説1
　有効な外部情報獲得ルートの数が多いほど開発成果が高まるという関係は,非金銭的インセンティブが重視されているほど強まる.
仮説2
　上流工程から下流工程にいたる組織内統合度が高いほど開発成果が高まるという関係は,非金銭的インセンティブが重視されているほど強まる.
仮説3
　マーケティング担当者と製品開発担当者とのコミュニケーションが円滑

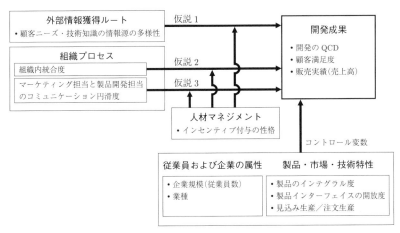

図 5-1　本章の仮説

であるほど開発成果が高まるという関係は，非金銭的インセンティブが重視されているほど強まる．

第3節　分析戦略と推定結果

本節では，前節で提示した3つの仮説についての統計的検証を行う．推定戦略は以下の通りである．なお，以下では，3か国のデータをプールして分析を行った．プール分析の理由は，消極的には国別の分析では有意な結果を得ることができなかったからであるが，積極的には国別の差異よりも各要因が国や制度の違いを超えて成果にどのような影響を及ぼすかが重要だと考えたためである．

$$y_{ic} = \alpha + \beta x_{ic} + \gamma NonPecuniaryIncentive_{ic}$$
$$+ \delta(x_{ic} \times NonPecuniaryIncentive_{ic}) + \zeta Z_{ic} + \varepsilon_{ic}$$

ここで，y_{ic} は国 c における企業 i の開発成果，x_{ic} は，仮説に対応する変数，$NonPecuniaryIncentive_{ic}$ は非金銭的インセンティブの指標，Z_{ic} はその他の制御変数，ε_{ic} は誤差項である．それぞれの仮説における非金銭的インセンティブと，各要因との補完効果は前式における交差項の係数

表 5-2 要約

		外部情報獲得ルート	組織内統合度	マーケティング担当と開発担当のコミュニケーション円滑度	非金銭的インセンティブ	QCD	顧客満足度
日本	平均	5.336	15.606	3.370	7.119	7.136	7.792
	標準偏差	2.379	2.620	1.064	1.250	1.238	1.364
	観測数	128	94	108	126	123	125
韓国	平均	3.791	14.907	3.406	7.157	7.445	7.642
	標準偏差	2.406	2.930	1.073	1.781	1.367	1.437
	観測数	134	129	133	134	134	134
中国	平均	6.733	17.069	4.200	7.775	8.428	8.733
	標準偏差	1.628	1.951	0.775	1.163	0.950	1.158
	観測数	120	102	115	120	120	120
計	平均	5.233	15.788	3.652	7.339	7.657	8.037
	標準偏差	2.486	2.717	1.052	1.463	1.319	1.410
	観測数	382	325	356	380	377	379

δ によって捉えられることとなる.

具体的な変数の定義をしよう.まず,y_{ic} として,QCD,顧客満足度,および販売実績(製品売上高)をそれぞれ用いる.これらの指標は質問紙調査においてそれぞれ10段階評価で評価されたものである[4].ただし,QCDに関しては,製品品質,納期の正確さ,コストを別々に尋ねており,それらの平均としてQCDを10段階で定義した.

次に,非金銭的インセンティブの指標である $NonPecuniaryIncentive_{ic}$ であるが,これにはエンジニアの動機づけの方法についての回答を用いた.質問紙調査では,エンジニアの動機づけの方法として,①希望する仕事など仕事内容による処遇,②専門職制度など専門性に基づいた処遇という,非金銭的動機づけについて,どの程度企業内で重要視されているのかを5段階評価で質問している.これらの回答の合計を $NonPecuniaryIncentive_{ic}$ として用いた[5].

さらに,Z_{ic} には,企業年齢,従業員数,企業全体の売上高,製品が見

---

[4] 回答の客観性を可能な限り担保するため,質問紙調査ではこれらの項目について,「競合他社製品に比べて」「業界最高水準を10として」評価するように求めている.
[5] 非金銭的インセンティブの具体的な内容は多岐にわたるが,本章では,内発的動機づけに従う度合が高く,エンジニアを含む知識労働者にとって特に重要だと考えられるこれら2項目に焦点を絞っている.

統計量

	販売実績	企業年齢	企業売上高	従業員数	見込み生産の割合	製品インターフェイスの開放度	製品のインテグラル度
	6.959	58.559	23895.440	566.371	0.374	59.233	37.877
	2.223	30.406	55294.830	786.898	0.486	29.021	20.661
	123	127	121	124	123	120	122
	7.104	28.284	157837.900	2418.940	0.530	43.291	42.440
	1.709	16.466	1281625.000	8892.201	0.501	25.106	21.411
	134	134	134	134	134	134	134
	8.358	19.867	243205.400	2330.167	0.275	42.858	54.042
	1.180	17.010	2255262.000	14129.870	0.448	18.527	16.479
	120	120	113	120	120	120	120
	7.456	35.724	140010.400	1783.037	0.398	48.267	44.662
	1.861	27.663	1468433.000	9583.507	0.490	25.690	20.770
	377	381	368	378	377	374	376

込み生産か否か,製品のインターフェイスの開放度(自社専用規格割合),および製品のインテグラル度を用いた.製品インターフェイスの開放度およびインテグラル度については,0から100までの値をとる.さらに,国,業種の違いを制御するため国固定効果,および業種固定効果を導入した.業種固定効果は企業レベルで,機械,非機械,ソフトウェアの3業種として定義されたものである.

各仮説の検定のための主要な変数となる x_{ic} の具体的定義は以下の通りである.まず,仮説1は外部情報獲得ルートについての検証である.そのため,x_{ic} には,開発の際に有効であった外部情報獲得ルートについての回答を用いた.質問紙において,市場ニーズ,技術知識それぞれについて,自社内における①マーケティング担当者,②営業担当者,③先行開発担当者,④製品・システム担当者それぞれからの情報がどれほど有益であったかについて5段階で質問している[6].これらについて,有益だったと回答した情報ソースの数を足し上げたものを x_{ic} として用いた.

次に,仮説2に必要な,組織内統合度についての指標に関しては,各

[6) 質問紙調査では,「顧客」「学会」など,社外から直接情報を獲得するルートについても尋ねているが,回答に欠損値が多かった.このことは,外部情報を獲得する際に,多くの企業が社内のルートを現実には重視していることを示唆している.このため,ここで社外ルートを除外した変数を構成していることは正当だと考えられる.

部門間のコミュニケーションによって測定した．質問紙では，各部門の担当者間のコミュニケーションが，どれほど円滑に行われているかについて尋ねている．具体的には，①製品企画担当者と製品開発担当者，②マーケティング担当者と製品開発担当者，③営業担当者と製品開発担当者，④生産技術担当者と製品開発担当者，⑤製品開発担当者内部，⑥製品開発担当者と外注先である．これらについてコミュニケーションの円滑さをそれぞれ5段階評価で尋ねており，そのうち，①，④，⑤，⑥についての合計を x_{ic} として用いた．

最後に仮説3に必要な，市場担当と技術担当との統合度については，前記の担当者間コミュニケーションのうち，②マーケティング担当者と製品開発担当者とのコミュニケーションの円滑度を指標として用いた[7]．

推定に使用する変数の要約統計量は，表5-2の通りである．各変数について，日本・韓国・中国，および3か国をプールしたものが示されている．以上のように定義された推定式を最小二乗法によって推定した．

まず，仮説1の検証結果は表5-3に掲げられている．

成果指標として，列(1)はQCDを，列(2)は顧客満足度を，列(3)は製品の販売実績を用いた結果を示している．まず，外部情報獲得ルートの数の係数はQCDおよび顧客満足度について負で有意であった．このことは，非金銭的インセンティブが全く与えられない状況(非金銭的インセンティブ指標の値が0)においては，外部情報獲得ルートの多様性は，開発成果に対して負の影響を与えることを示唆する結果である．

次に，非金銭的インセンティブの係数は，QCDおよび販売実績を成果の指標とした際には有意でなかったのに対し，顧客満足度に対しては負で有意な影響をもつことがわかった．このことは非金銭的インセンティブの付与は，外部情報獲得ルートの多様性がきわめて少ない状況では，開発成果に影響しないか，もしくは指標によってはむしろ成果を悪化させるということを示したものである．

---

7) マーケティング担当と開発担当との統合度と同様の意味をもつ，「営業担当と製品開発担当とのコミュニケーション円滑度」を用いて分析しても，結果は同じであった．そこで本章では，マーケティング担当と製品開発担当とのコミュニケーション円滑度を用いた分析結果のみを示す．

表 5-3 推定結果——仮説 1

パフォーマンス指標	(1) QCD	(2) 顧客満足度	(3) 販売実績
外部情報獲得ルートの数	−0.755* (0.392)	−0.415*** (0.159)	−0.281 (0.179)
非金銭的インセンティブ	−0.209 (0.305)	−0.235* (0.123)	−0.169 (0.131)
外部情報獲得ルート× 非金銭的インセンティブ	0.152*** (0.0531)	0.0661*** (0.0222)	0.0547** (0.0244)
ln（企業年齢）	0.725** (0.319)	0.190 (0.128)	0.00405 (0.133)
ln（従業員数）	−0.0500 (0.262)	0.217** (0.0935)	0.200 (0.136)
ln（企業売上高）	0.244 (0.199)	−0.116 (0.0716)	−0.00964 (0.0981)
見込み生産の割合	−0.802** (0.388)	−0.158 (0.149)	−0.193 (0.199)
製品のインターフェイスの開放度	0.0135* (0.00747)	0.00236 (0.00308)	0.00887** (0.00436)
製品のインテグラル度	0.00248 (0.00976)	0.00393 (0.00354)	−0.00152 (0.00498)
定数項	15.580*** (2.579)	8.138*** (0.916)	6.116*** (1.133)
業種固定効果	yes	yes	yes
国固定効果	yes	yes	yes
自由度調整済み決定係数	0.309	0.219	0.176
観測数	350	350	350

注）カッコ内は頑健標準誤差であり，* は 10％ 水準で，** は 5％ 水準で，*** は 1％ 水準で統計的に有意であることを意味する．

最後に，外部情報獲得ルートの多様性と非金銭的インセンティブとの交差項の係数については，いずれの成果指標についても正で有意な結果が得られた．このことは，非金銭的インセンティブが十分に与えられている状況で，外部情報獲得ルートの多様性が増加すると，製品開発の成果がいずれの指標についても上がるという結果と解釈され，これは仮説1と整合的な結果である．つまり，外部情報獲得ルートの多様性は，非金銭的インセンティブと補完的な関係にある．いずれか一方の向上では開発成果を向上させることはできず，補完的な上昇が，開発成果向上にとって重要であることを示すものであるといえる．

次に，仮説2の検証結果は表5-4に示される．

表5-3と同様，列(1)は成果指標としてQCDを，列(2)は顧客満足度

表 5-4 推定結果——仮説 2

パフォーマンス指標	(1) QCD	(2) 顧客満足度	(3) 販売実績
組織内統合度	−0.392 (0.355)	−0.166 (0.146)	−0.224 (0.177)
非金銭的インセンティブ	−1.330* (0.774)	−0.644* (0.333)	−0.748** (0.352)
組織内統合度×非金銭的インセンティブ	0.107** (0.0476)	0.0419** (0.0201)	0.0511** (0.0227)
ln(企業年齢)	0.613* (0.319)	0.160 (0.122)	0.0282 (0.128)
ln(従業員数)	−0.271 (0.293)	0.212** (0.0996)	0.126 (0.135)
ln(企業売上高)	0.256 (0.218)	−0.137* (0.0783)	−0.0149 (0.0999)
見込み生産の割合	−0.958** (0.403)	−0.217 (0.155)	−0.295 (0.216)
製品のインターフェイスの開放度	0.0168* (0.00862)	0.00372 (0.00344)	0.00862* (0.00458)
製品のインテグラル度	−0.000222 (0.0104)	0.00325 (0.00376)	−0.00239 (0.00522)
定数項	21.008*** (5.802)	9.548*** (2.332)	9.139*** (2.785)
業種固定効果	yes	yes	yes
国固定効果	yes	yes	yes
自由度調整済み決定係数	0.316	0.260	0.199
観測数	304	304	304

注) カッコ内は頑健標準誤差であり,* は 10% 水準で,** は 5% 水準で,*** は 1% 水準で統計的に有意であることを意味する.

を,列(3)は販売実績を用いた結果を掲げている.まず組織内統合度は,いかなる成果指標に対しても有意な影響をもたないことがわかった.このことは,非金銭的インセンティブが低い状況で,組織内統合度を向上させることは,開発成果に対して影響をもたないことを意味しよう.

続いて,非金銭的インセンティブについては,すべての成果指標に対して負で有意な影響を与えることがわかった.つまり,非金銭的インセンティブの付与は,組織内統合度が低い状況下では,開発成果に対して負の影響をもつ.しかし,組織内統合度と非金銭的インセンティブとの交差項は正で有意な結果が得られた.つまり,組織内統合度と非金銭的インセンティブの付与は,補完的な関係にあり,一方が高い状況下で他方を向上させることが,あるいは両者を同時に向上させることが,開発成果向上に必要

表 5-5　推定結果——仮説 3

パフォーマンス指標	(1) QCD	(2) 顧客満足度	(3) 販売実績
マーケティング担当と開発担当の コミュニケーション円滑度	−1.228 (0.964)	−0.564 (0.422)	−0.122 (0.512)
非金銭的インセンティブ	−0.763 (0.515)	−0.380 (0.234)	−0.145 (0.259)
マーケ担当と開発担当とのコミュニケー ション円滑度×非金銭的インセンティブ	0.306** (0.132)	0.112* (0.0586)	0.0542 (0.0676)
ln(企業年齢)	0.704** (0.297)	0.195 (0.124)	0.0462 (0.135)
ln(従業員数)	−0.0662 (0.278)	0.222** (0.0939)	0.187 (0.128)
ln(企業売上高)	0.125 (0.210)	−0.142* (0.0741)	−0.0344 (0.0993)
見込み生産の割合	−0.784** (0.387)	−0.177 (0.154)	−0.186 (0.212)
製品のインターフェイスの開放度	0.0130 (0.00794)	0.00114 (0.00333)	0.00756* (0.00454)
製品のインテグラル度	0.00177 (0.00950)	0.00361 (0.00368)	−0.00231 (0.00504)
定数項	19.533*** (3.939)	9.002*** (1.722)	5.980*** (2.123)
業種固定効果	yes	yes	yes
国固定効果	yes	yes	yes
自由度調整済み決定係数	0.316	0.224	0.162
観測数	331	331	331

注）カッコ内は頑健標準誤差であり，* は 10% 水準で，** は 5% 水準で，*** は 1%水準で統計的に有意であることを意味する．

である．これは仮説 2 と整合的といえる．

　最後に仮説 3 の検証結果は，表 5-5 で示される．

　列(1)は成果指標として QCD を，列(2)は顧客満足度を，列(3)は販売実績を用いた結果である．マーケティング担当と開発担当とのコミュニケーション円滑度および非金銭的インセンティブはいずれの成果指標に対しても有意な影響をもたない．つまり一方が低い状況で他方を向上させてもいかなる開発成果にも影響しない．

　これに対し，マーケティング担当および開発担当の統合度と非金銭的インセンティブとの交差項については列(1)と列(2)において正で有意な結果を得た．これはつまり，マーケティング担当と開発担当とのコミュニケーション円滑度と非金銭的インセンティブとは補完的な関係にあり，一

方が高い状況での他方の向上が QCD および顧客満足度で測られた開発成果に正の影響をもつという結果と解釈される．これは仮説3と整合的な結果である．

このように，3か国をプールした計量分析において，本章で提示されたいずれの仮説も支持された．また，非金銭的インセンティブについて，外部情報獲得ルートの多様性や，組織内統合度が低い状況での上昇は，開発成果に対し，むしろ負の影響をもつのは興味深い結果といえる．

では，本章で注目した3つの要因と非金銭的インセンティブとの補完効果は，それぞれが単独で与える負の影響を上回るほどの効果をもつのであろうか．これを視覚的に確認しよう．図5-2は，各推定結果の数量的インパクトを図示したものである．各パネルは，各推定結果における各要因が開発成果に与える影響について，非金銭的インセンティブの大小において場合分けした上でその数量的インパクトを示している．

たとえば，パネル(a)は，表5-3の列(1)の結果を図示したものである．これは，非金銭的インセンティブの大きさについて3つに場合分けし，それぞれの非金銭的インセンティブの下での外部情報獲得ルートの数と QCD で測った開発成果との関係をトレースしている．それぞれの線は，非金銭的インセンティブが低いとき(非金銭的インセンティブ指標の値＝0．低インセンティブと表記)，中程度のとき(非金銭的インセンティブ指標の値＝5．中インセンティブと表記)，高いとき(非金銭的インセンティブ指標の値＝10．高インセンティブと表記)の外部情報獲得ルートと QCD との関係を示している．

非金銭的インセンティブが低い場合，外部情報獲得ルートの数と QCD との関係は右下がりとなっており，外部情報獲得ルートの数は，非金銭的インセンティブが低い場合，QCD に対し，負の影響をもつことがわかる．それに対し，非金銭的インセンティブが高い場合は，両者は右上がりの関係となっており，外部情報獲得ルートの数は，非金銭的インセンティブが高い場合，QCD に対し，正の影響をもつ．これは，推定によって示された，非金銭的インセンティブと外部情報獲得ルートの数との間の正の交差効果によるものである．さらに，非金銭的インセンティブが高い

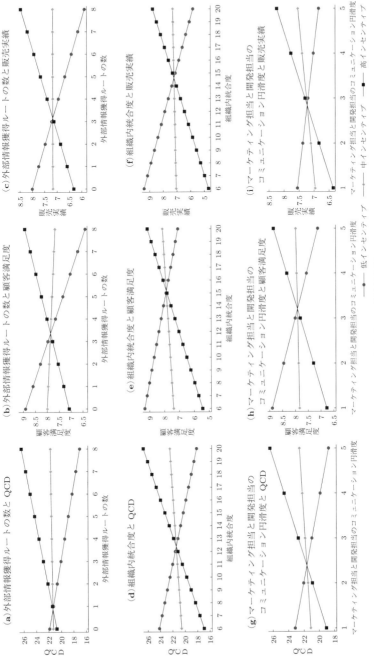

図 5-2 推定結果の数量的評価

表 5-6 分析

		QCD
外部情報獲得ルートの数 (仮説 1)	係数の意味	非金銭的インセンティブを高め，同時に外部情報獲得ルートの数を増やすと，QCDは有意に高まる(表 5-3(1))
	効果合計	非金銭的インセンティブが十分高い状況下で，外部情報獲得ルートの数を十分に増やすと，両者ともに低い場合に比べて QCD を高め得る(図 5-2(a))
組織内統合度 (仮説 2)	係数の意味	非金銭的インセンティブを高め，同時に組織内統合度を高めると，QCD は有意に高まる(表 5-4(1))
	効果合計	非金銭的インセンティブが十分高い状況下で，組織内統合度を十分に高めると，両者ともに低い場合に比べて QCD を高め得る(図 5-2(d))
マーケティング担当と 製品開発担当の コミュニケーション円滑度 (仮説 3)	係数の意味	非金銭的インセンティブを高め，同時にコミュニケーションを高めると，QCD は有意に高まる(表 5-5(1))
	効果合計	非金銭的インセンティブが十分高い状況下で，コミュニケーションを十分に高めると，両者ともに低い場合に比べて QCD を高め得る(図 5-2(g))

注)表中では「マーケティング担当と開発担当のコミュニケーション円滑度」を「コミュニケーション」と略記してある．

場合，外部情報獲得ルートの数が十分に多ければ，非金銭的インセンティブが低く，外部情報獲得ルートをもたない場合より QCD 指標は高くなる(非金銭的インセンティブが低く(非金銭的インセンティブ指標の値=0)，かつ外部情報獲得ルートの数が 0 のときの QCD 指標が 22 なのに対し，非金銭的インセンティブが高く(非金銭的インセンティブ指標の値=10)，外部情報獲得ルートの数が 8 の場合，QCD 指標は 26 となっている)．つまり，非金銭的インセンティブと外部情報獲得ルートの数との間の正の交差効果は十分に大きく，両者を十分に高めることで，QCD で測った開発成果が高まるといえる．

このように多くの図において，本章で注目する要因と非金銭的インセンティブとの交差効果によって，両者が低い場合よりも開発成果が高まる領域が存在することが明らかとなった．しかしながら，これとは異なるケースも存在する．パネル(f)では，非金銭的インセンティブが高く(非金銭的

結果のまとめ

	被説明変数	
	顧客満足度	販売実績
	非金銭的インセンティブを高め，同時に外部情報獲得ルートの数を増やすと，顧客満足度は有意に高まる(表 5-3(2))	非金銭的インセンティブを高め，同時に外部情報獲得ルートの数を増やすと，販売実績は有意に高まる(表 5-3(3))
	非金銭的インセンティブが十分高い状況下で，外部情報獲得ルートの数を十分に増やしても，両者ともに低い場合に比べて顧客満足度を高め得ない(図 5-2(b))	非金銭的インセンティブが十分高い状況下で，外部情報獲得ルートの数を十分に増やすと，両者ともに低い場合に比べて販売実績を高め得る(図 5-2(c))
	非金銭的インセンティブを高め，同時に組織内統合度を高めると，顧客満足度は有意に高まる(表 5-4(2))	非金銭的インセンティブを高め，同時に組織内統合度を高めると，販売実績は有意に高まる(表 5-4(3))
	非金銭的インセンティブが十分高い状況下で，組織内統合度を十分に高めても，両者ともに低い場合に比べて顧客満足度を高め得ない(図 5-2(e))	非金銭的インセンティブが十分高い状況下で，組織内統合度を十分に高めても，両者ともに低い場合に比べて販売実績を高め得ない(図 5-2(f))
	非金銭的インセンティブを高め，同時にコミュニケーションを高めると，顧客満足度は有意に高まる(表 5-5(2))	非金銭的インセンティブを高め，同時にコミュニケーションを高めても，販売実績には有意な影響はない(表 5-5(3))
	非金銭的インセンティブが十分高い状況下で，コミュニケーションを十分に高めても，両者ともに低い場合に比べて顧客満足度を高め得ない(図 5-2(h))	係数が統計的に有意ではないから意味がない(図 5-2(i))

インセンティブ指標の値=10)，組織内統合度を最大値の 20 まで高めたとしても達成できる販売実績の指標は 8.8 であるのに対し，非金銭的インセンティブが低く(非金銭的インセンティブ指標の値=0)，組織内統合度を最小値の 6 とした場合の販売実績の指標は 9.4 であり，十分に高い非金銭的インセンティブの下で，組織内統合度を十分に上昇させたとしても，両者が低い場合の開発成果を上回ることができないという結果となっている．

こうした推定結果の定量的インパクトを言葉でまとめたものが表 5-6 である．まず，QCD に関しては，すべての要因について，非金銭的インセンティブが十分に高い場合，両者が低い場合よりも，その補完効果によって，開発成果が高まる．これに対し，顧客満足度および販売実績に関しては，本章で提示した補完効果が，必ずしも数量的に十分な開発成果の上昇をもたらしていない．これらの成果を十分に高めることができるのは，

外部情報獲得ルートの数と非金銭的インセンティブが販売実績に対して有する補完効果のみといえる．つまり，本章で提示した仮説はそれぞれQCDに対して定量的に最も強いインパクトを与えているのである．

第4節　結果の解釈

以上の推定結果をどのように考えるべきか．

まず，3つの推定結果に共通している点は，「外部情報獲得ルートの数」「組織内統合度」「マーケティング担当と開発担当のコミュニケーション円滑度」を高めると同時に，非金銭的インセンティブを高めることによってはじめて，製品開発成果(QCD, 顧客満足度，販売実績)が高まる可能性があるということである．本章が非金銭的インセンティブとして分析対象とした「仕事内容による処遇」「専門性に基づいた処遇」はいずれも，短期的成果に連動する処遇ではなく，長期的な評価に基づく処遇である．すでに述べたように，不確実性がきわめて高い上流工程では，短期的成果に基づくインセンティブ付与が行われると，担当者たちのリスク回避的行動を促し，その結果，開発成果が低下することは想像に難くない(本章では分析結果を示さないが，実際に金銭的インセンティブ付与を説明変数に投入して推定を行っても，金銭的インセンティブについては有意な係数は得られなかった)．したがって，長期的・非金銭的インセンティブ付与の重要性を示唆する前掲の推定結果は，理に適ったものだといえよう．

以下では，個々の分析結果について考察を行う．まず，表5-6の最上段(仮説1)より，非金銭的インセンティブを高め，同時に外部情報獲得ルート数を増やすと，開発成果は高まることがわかった．また，非金銭的インセンティブが十分高い状況下で，外部情報獲得ルートの数を十分に増やすと，両者ともに低い場合に比べてQCDと販売実績を高めることができることがわかった．これは仮説1を支持する結果である．さらに外部情報獲得方法と広い意味での人材マネジメントとの関係性を分析した先行研究である，川上(2005)，Wei and Atuahene-Gima(2009)，Joshi(2015)などと整合的な結果でもある．

この分析結果は，概念的にいえば，「情報を獲得すること」と「知ること」との相違という観点から，ひとつの説明を与えることができよう．マイケル・ポラニーは，それ自体は意味をもたない断片的な知覚の集合を，全体として意味をもつひとつの対象としてみようと努めることによって，人は対象を知るのだと論じた．ポラニーが挙げた例でいえば，盲人が使う杖から手に伝えられる感覚は，それ自体としては何の意味もない断片的な知覚にすぎない．しかし，そうした知覚に意味をもたせるような解釈を行う結果，初めて路面の状態を知ることができるようになる．単なる知覚に意味をもたせるための方法を人間は暗黙裏に知っているという事態を彼は「暗黙に知っていること」(tacit knowing)と呼んだのである(Polanyi, 1966).

　このポラニーの議論を敷衍すると，情報を多く獲得すればするほど，そこから意味を見出すための能力がますます多く求められるといえよう．そうした個人能力・組織能力が伴わない場合，訴求点が明瞭ではない製品コンセプト（いわゆる「八方美人的コンセプト」）が生み出されてしまうなどの，一連の問題を生み出す可能性があり，製品開発成果には悪影響を及ぼすと考えられる．こうした能力の中核が，Cohen and Levinthal(1989, 1990)が主張する「吸収能力」(absorptive capacity)，すなわち，新しい外部情報の価値を認識し，それを吸収消化する能力である．

　以上の「吸収能力」の重要性を事例から確認しよう．延岡・高杉(2014)に依拠して以下に紹介する電気機器メーカーであるキーエンスの事例が，こうした能力の内実と，能力形成のために必要な人材マネジメントを考える上で示唆的である．個々の顧客に深く入り込み，顧客自身も感知していないニーズを洞察し，汎用的な新製品の開発につなげる点に，同社の強みがあるとされる．ここで役立てられているのが，顧客の現場情報を蓄積したデータベースを蓄積・利用する組織的な仕組みと，コンサルティング営業力や商品企画力が高い人材の蓄積である．つまり，深い情報を獲得する能力と，そこから潜在ニーズを実際に洞察する個人能力・組織能力が重要だということである．キーエンスの場合は，商品企画担当者は主に営業担当者から抜擢されるが，商品企画への異動後にも，さらなるOJTによって上流工程担当者の能力が形成されている．情報から潜在ニーズを実際に

洞察する能力は企業内部で育成されることが必要で，そのためのキー人材をリテンションする仕組みが重要であることを示唆している．

この事例は，外部情報を有効に獲得しても，その情報自体には意味がなく，製品開発担当者がそれらの情報を解釈できて初めて意味を見出し得ることを示唆する．また，情報を解釈する能力には内部育成の仕組みが必要なため，少なくともコア人材に限定していえば，彼らのリテンションを可能にする非金銭的・長期的インセンティブの付与が適合的であることを示唆している．その結果として，外部情報獲得ルートの数と非金銭的インセンティブとの交差項の係数が正で有意であることは解釈できる．また，外部情報獲得ルートの数の係数が負で有意，もしくは，有意ではないが負であったという表5-3の分析結果も，外部情報を多く獲得しても，それを解釈する能力を欠く場合，開発成果に負の影響を及ぼす可能性があるという議論から解釈することが可能であろう．

続いて，組織内部での全般的なコミュニケーションの円滑さを表す組織内統合度と非金銭的インセンティブとの交差効果，および，マーケティング担当者と製品開発担当者とのコミュニケーションの円滑さを示すマーケティング担当と開発担当のコミュニケーション円滑度と非金銭的インセンティブとの交差効果について考察する．表5-6の中段(仮説2)，および下段(仮説3)が示すように，非金銭的インセンティブと，①組織内統合度，および，②マーケティング担当と開発担当のコミュニケーション円滑度をそれぞれ同時に高めることによって，ほぼすべての開発成果が高まることがわかった．また，表5-6より，非金銭的インセンティブが十分高い状況下で，①組織内統合度を高めた場合，および，②マーケティング担当と開発担当のコミュニケーション円滑度を高めた場合，両者とも低い場合に比べてQCDを高めることができることもわかった．これらは仮説2および仮説3を支持する結果であり，組織間協力と人材マネジメントの連関を分析したStock, Totzauer, and Zacharias(2014)などの先行研究とも整合的である．なお，販売実績は他の諸要因に左右される度合が大きいと考えられるので，仮説3で被説明変数を「販売実績」とした場合の推定結果で，交差項の係数が有意ではないことも理解可能である．

これらの分析結果は，組織内部で情報が円滑に流通していることと，それらの情報が製品開発に有効に利用されていること(川上，2005)とを区別することによって解釈できよう．行動経済学で参照される認知的不協和の理論によると，人間は，矛盾する認知に起因する認知的不協和を削減しようとする(Festinger, 1957)．情報が円滑に流通しているということは，より大量かつ多様な情報が流通する分，矛盾する認知を引き起こす可能性が高いと考えられる[8]．

　しかしながら同時に，そこで起き得る認知的不協和を解消しようとする努力は，革新的な対応の源泉にもなり得る(Stark, 2011)．ポラニーの議論を踏まえると，そのためには，矛盾を含む断片的情報の全体に意味をもたせる解釈能力が必要になる．そうした個人能力・組織能力が伴わない場合，流通する情報を製品開発に有効に利用できないと考えられる．長期間かかると考えられるこれら能力の形成のためには，リテンションを可能にし，能力形成を動機づける非金銭的インセンティブを付与することが有効であろう．これらのことから，前述の推定結果，すなわち，2つの交差項の係数が正で有意であることは理解可能である．なお，「組織内統合度」および「マーケティング担当と開発担当のコミュニケーション円滑度」の係数が，単独項だと有意ではないが負であるという分析結果も，円滑な情報流通それ自体には開発成果を向上させる効果はないという以上の議論から解釈できよう．

　また，いずれの推定結果においても，非金銭的インセンティブの係数は負で有意，ないしは有意ではないが負である．非金銭的インセンティブを付与して能力形成を行っても，形成された能力の使い道がなければ単にコストにしかならない．製品開発の文脈であれば，たとえば，適切な情報獲得が行われるとか，適当な組織プロセスが存在していることで，初めて能力の発揮機会が生まれる．それゆえ，以上のような分析結果は理解可能であろう．

---

[8] そもそも，認知上の矛盾に気づかない，あるいは気づいたとしてもあえて放念する事態があり得るだろう．いうまでもなく後者の典型的な帰結は，繰り返される企業の不祥事事件である．前者の問題への対応策としてStark(2011)は，多様な認識枠組みをもったメンバーからチームを組織することの重要性を強調している．

なお，図5-2および表5-6より，本章が仮説として提示した3つの補完効果は，QCDに対して最大のインパクトを有することがわかった．この分析結果は，顧客満足度と販売実績は，QCDに比べると，他の諸要因によって影響を受ける度合が強い成果指標であるためだと考えられよう．

さらに，以下では得た推定結果をいくつかの事例によって補強したい．

高い不確実性の下での長期的・非金銭的インセンティブの重要性については，以下にみるように，光電子部品メーカーである浜松ホトニクスの事例が好適な例証を提供している（河野，2014）．同社は，光電子倍増管で90％の世界シェアを有するなど，光関連技術で高い技術力をもつ世界的な企業として知られる．同社の光電子倍増管は，東京大学宇宙線研究所・神岡宇宙素粒子研究施設に設置された素粒子観測施設「カミオカンデ」および「スーパーカミオカンデ」で使用されており，小柴昌俊氏，梶田隆章氏によるノーベル物理学賞受賞に寄与したことでも著名である．同社は，連結売上高の10〜13％という高い割合を研究開発に投入していることからわかるように，不確実性の高い技術・製品開発に多くの資源を割いてきた企業である．また，社員の自由な研究活動を促進し，長期的な課題に対する取り組みを促すことによって，新技術・新事業を開拓してきた点に大きな特徴がある．

同社では，社員の採算性意識を高めることを目的として，精緻な業績管理が実施されている．その中核的な仕組みである「計表管理」は，同社にある46部門すべての計表を作成し，収支を明確化している．情報端末により，全部門の収支状況を確認できるようになっている．部門の予算配分はある程度，この業績を反映して決まる．こうした業績管理は実際に，収益性を高めるのに貢献しているとされる．

しかしながら，計表管理によって明るみに出る部門業績は，個人の人事考課には反映されていない．短期的な成果と人事考課が切り離されることにより，長期的な課題や同社が促進してきた自由な研究活動に取り組みやすくなっているとされる．つまり，短期的成果を確実に把握しつつ，短期的成果と個人の処遇を切り離す．こうした施策によって，一方では収益性を確保しつつ，他方では不確実性が高い状況下で必要になる長期的視点と

自由度をもった探索(exploration)を担保できていると，河野(2014)は評価している．

　長期・内部志向の人材マネジメントは，正社員の長期雇用が支配的な日本企業のみならず，より流動的な労働市場に直面する中国・韓国企業においても追求され得ることは言及に値する．たとえば，徳丸(2012)が調査対象とした中国の大手情報通信企業は，成績不良者を排出する「末位淘汰制度」のような流動化の仕組みはもっているものの，他方では，コア従業員については，教育訓練の仕組みや専門職制度などを伴った，長期・内部志向の人材マネジメントとなっている．中国企業に関する別の研究でも，内部育成，内部昇進，丁寧な人事考課，従業員参加など，長期・内部志向の人材マネジメント施策を組み合わせて採用する企業の経営成果が有意に高く(Chow, Huang, and Liu, 2008; Wei and Lau, 2008; Zhang and Li, 2009 など)，また従業員のリテンションにも有意に成功している(Wang et al., 2011 など)という結論が，質問紙調査結果の分析に基づいて得られている．このことは，長期・内部志向の人材マネジメントが中国企業において定着する基盤がすでに出来上がっていることを意味すると考えられる．特に，開発エンジニアなどの知識人材の比重が高い医薬品産業で前記の有意な関係が見出されているという事実は，中国においても本格的な長期・内部志向の人材マネジメントが成立していることを示唆する(Zhang and Li, 2009)．

　さらに，アジア通貨危機以降，短期・外部志向の人材マネジメントに傾斜しているとみなされている韓国企業でも，たとえばサムスン電子では，新卒採用が中心であり，内部育成のための教育訓練施策が充実しており，人事考課と内部昇進の精緻なシステムが採用されている．加えて，報酬と成果との連動が強化され，成果主義的な賃金制度に改変されたものの，長期的な能力の伸長を評価する「力量考課」もほぼ同時に導入された(李, 2012)．すなわち，長期志向の評価が担保されており，従業員のリスク回避的行動が抑制されていると考えられる．

　要するに，以上の分析結果は，単純に有益な情報を大量に獲得し，組織内のコミュニケーションを円滑にして情報の流通を促進するだけでは，開

発成果を向上させることはできず，獲得され流通される情報を解釈する個人能力・組織能力が決定的に重要であることを示唆する．製品コンセプトを作るという上流工程の仕事は，情報の解釈という側面をより多く含む．また，設計や試作という下流工程との連携も不可欠である．つまり，上流工程の成否は，そこで働く人の能力形成，およびその動機づけと不可分であるという自然な推論を本章は定量的に確認したとまとめることができる．

第5節　おわりに

　ここまで，日本・中国・韓国における製品開発の上流工程を有する企業（製造業とソフトウェア業）に対して行った質問紙調査の結果データ(382社)を用いて分析を行ってきた．具体的には，上流工程における諸活動(市場と技術に関する情報収集，アイデア出し，上流工程への各機能部門の関与度合，参加者間および下流工程とのコミュニケーションの状況など)と人材マネジメント（インセンティブ付与)とがいかなる関係にあるときに開発成果が高まるかを定量的に分析した．

　分析の結果，以下の3点が明らかとなった．(1)外部情報の獲得ルートが多く，なおかつ非金銭的インセンティブが付与されるとき開発成果(QCD，顧客満足度，販売実績)が高まる．(2)コミュニケーションの活発さで測られた機能部門間の組織内統合度が高く，なおかつ非金銭的インセンティブが付与されるとき開発成果(QCD，顧客満足度)が高まる．(3)マーケティング担当者と開発担当者とのコミュニケーションが円滑で，なおかつ非金銭的インセンティブが付与されるとき開発成果(QCD，顧客満足度)が高まる．

　以上の結果は，外部情報の獲得ルートの多さ，組織内統合度の高さ，マーケティング担当者と開発担当者との関係の良好さは，それ自体では開発成果に無関係，または成果を低めるけれども，非金銭的インセンティブ付与を伴うと開発成果を高めることを意味する．この結果は，製品のアイデア創出やコンセプト策定という高度に知識集約的な仕事にとっては，

国・制度の相違や労働市場の流動性の高低を超えて，長期的で非金銭的なインセンティブ(仕事内容と専門性の評価)が重要であることを示唆する．

　もちろん，本章では，上流工程において有効な人材マネジメント施策の全体像を分析できているわけではない．インセンティブ付与という，枢要ではあるがひとつの要因に絞った分析になっている．したがって，より包括的に人材マネジメントの諸施策について分析・考察することは，本章の残された課題である．

第6章　企業内コミュニケーション・ネットワークが生産性に及ぼす効果
―― ウェアラブルセンサを用いた定量的評価[*] ――

第1節　はじめに

前章までは，企業とエンジニア個人に対する質問紙調査に基づいて，製品開発における製品アーキテクチャと人材マネジメントとの関係を分析してきた．その主な理論的・実証的発見は，以下のようであった．

第1に，製品のインテグラル度が高まると製品の品質も高まるが，それと同時に部品設計の相互依存の増大という状況も生じることになる．その場合，エンジニアのコーディネーション能力が比較的高い場合，インテグラル度の高まりの効果が部品設計の相互依存による調整の困難さの効果を凌駕するため，インテグラル度の高さは製品の総合的品質を向上させる．だが，エンジニアのコーディネーション能力が比較的低い場合には逆の結果が生じる(第1章)．

第2に，エンジニア個人の問題解決行動に着目すると，日本・中国・韓国のエンジニア個人を対象に質問紙調査データから，以下の3点が析出できた．①担当外の問題解決のための協力という意味でのエンジニア個人の能動性は日本で最も高く，韓国で最も低かった．中国はその中間である．②担当内問題解決の組織レベルは，いずれの国のどの開発成果に対しても有意な影響をもたなかった．③担当外問題解決での能動性は，いずれの国の開発組織レベルでの開発成果に対しても正で有意な効果をもった(第3章)．

このように，製品開発においては，エンジニアのコーディネーション能

---

[*]　本研究の構想段階において，森脇紀彦氏(日立製作所)，ならびに西野史子准教授(一橋大学)にご尽力いただいた．本章の基となる草稿は，一橋大学経済研究所・定例研究会(2017年6月28日)で読まれ，討論者の町北朋洋氏(アジア経済研究所)をはじめ，多くの参加者から有益なコメントを得た．以上の諸氏に深甚の謝意を表する．

力や問題解決に当たっての協力の度合が重要であることが示された.

本章では，この問題を別の職場環境と業務(製品開発ではなく IT のソリューションサービスの提供職場)において，より客観的な行動データと成果指標を用いて分析する．こうした分析の章をここに置くのには2つの理由がある．すなわち，第1に，業務が異なっていても高度の専門的能力が求められるのは共通であること．第2に，前章までに分析してきた擦り合わせや組織内統合の核にはコミュニケーションがあり，これを質問紙よりも客観的なデータを用いて把握することは，本書で加えた考察を補強すると考えること，これである.

さて，職場における非公式な人間関係が職場満足や職務遂行に影響を与えることは，1920～30年代のホーソン実験以来(Homans, 1951 など)研究されてきたテーマである．そこでは，個人の能力だけでなくチームのメンバー間のつながりやコミュニケーションも組織の生産性に影響を及ぼすことが指摘されてきた.

特に知的業務においてコミュニケーションは重要である．知的生産のためには他者の知識に学ぶことは必須であるし，日々生じる問題の解決を情報交換によって図ることができる．事実，Ichniowski and Shaw (2009) では，このような情報交換のためのコミュニケーション関係を，ある種の「社会関係資本」(connective capital as social capital)とみなし，現場の問題解決において重要な役割を果たしていることを指摘した.

しかし，コミュニケーションについての定量的把握は困難であり，聞き取り調査や質問紙調査によるデータの収集がこれまで中心となってきた．こうした調査方法では，主観に左右されないデータを得ることは難しい．また，聞き取り調査や質問紙調査では，一時点の横断面データによる分析であることがほとんどであり，コミュニケーションおよび成果指標の両者に相関する個人の観測されない特性の統計的制御はきわめて困難であった.

近年，センサ技術の向上により，個人間のコミュニケーション行動のリアルタイムでの収集が可能となった．その端緒となったのは日立製作所によって開発されたウェアラブルセンサであり，これを用いたコミュニケー

ションの状況把握や，それが生産性に与える影響への研究が行われるようになっている[1]．本研究では，法人顧客向けソフトウェア・サポート業務を行うA社の，所在県の異なる2事業所を対象に，日立製作所のウェアラブルセンサによって社員間の対面コミュニケーションの計測をそれぞれ20日間行った（後出の図6-2参照）．そして，得られたコミュニケーションの客観的データとA社から入手した詳細な業務成果データに基づき，社員間のコミュニケーションが，社員個人，および事業所の生産性に与える影響について，実証的に明らかにすることが本章の目的である．

本章の結果を先に示そう．まず，コミュニケーション・ネットワークの構造を描いたグラフから，紐帯の本数や密度など，2事業所間で大きな違いが観察された．これは，非正規社員を含む社員のA社での勤続年数の違い，および事業所が担当する製品の特徴の違いなどがその要因として挙げられる．また，正規・非正規を問わず，対面コミュニケーションにおいて媒介的な役割をしている担当者が各事業所に存在することが確認された．さらに，得られたコミュニケーション・データおよびA社より提供された各社員の業務成果データを用い，コミュニケーションが業務成果に与える影響について社員の固定効果を制御した推定を行った．その結果，社員のコミュニケーション・ネットワークにおける中心性，特に，コミュニケーション・ネットワークの結節点に位置していることを示す指標である「媒介中心性」の上昇が，その社員が主導する業務の成果を向上させることが示された．このことは，知的業務におけるコミュニケーションが知識・情報交換であるがゆえに，直面した問題に対し，適切に他の社員からコミュニケーションによって情報収集することが重要であるとの解釈を示唆する．

本章は，コミュニケーションと社員の業務成果についての研究という意味で，次節で詳述する社会ネットワーク研究の流れの中に位置づけられる．だが，以下の点でこれまでにない新たな貢献がある．まず，ウェアラブルセンサによるコミュニケーションの定量的把握を行った点である．こ

---

[1] ウェアブルセンサとは何か，それを用いてどのような問題を解明できるかは，矢野(2014)において詳述されている．

れによって，聞き取り調査や質問紙調査では得られない，正確かつ大量のコミュニケーションについての情報を得ることができた．次に，各社員についての正確な業務成果情報が入手できた点である．この結果，社員の成果についての正確な客観的指標を得ることができた．さらに，これらのコミュニケーション・データ，および業務成果データが社員個人に関して，一定程度の頻度で一定期間取得可能であったため，固定効果推定法などによる，より精度の高い統計的因果推論の方法を適用できた．したがって，本章で得られた結果は，これまでの質問紙調査などで得られた結果に対し，飛躍的に高い信頼性があると考えられる．

また，本章の分析対象企業の主たる事業が，法人向けソフトウェア・サポートサービスという知的業務である点も既存研究とは大きく異なる．Ichniowski and Shaw(2009)で提示された，「社会関係資本」としてのコミュニケーションの内実をまさに本章は捉えたものであるとも解釈できよう．

第2節　先行研究の展望と仮説の設定

社会ネットワークの研究は，Henttonen(2010)にもあるように，かつては，Cohen(1961)やLeavitt(1951)，Guetzkow and Simon(1955)など，数人から数十人ほどの学生を被験者とした実験室での実験，Baldwin, Bedell, and Johnson(1997)やGlückler and Schrott(2007)などの学生のグループを対象にした研究が主だった．やがて，企業内の研究開発などを行うプロジェクト・チームを対象にしたフィールドワークが現れはじめた．

このようなフィールドワークにおいては，観察者による観察や質問紙調査によるネットワーク関係の把握が多く用いられてきた(Brass, 1981, 1984; Burt 2004; Mehra, Kilduff, and Brass, 2001; 若林・金坂, 2012 など)．近年には，電子メールなどのログを用いてネットワーク構造を明らかにする研究もなされてきた(Ahuja, Galletta, and Carley, 2003; Bulkley and Van Alstyne, 2006; 安田・鳥山, 2007; Zhang and Venkatesh, 2013 など)．安田・鳥山(2007)は，電子メールログによって，あるコンサルティング企業のコ

ミュニケーション・ネットワークを可視化し，ハイパフォーマーのネットワーク構造を明らかにした．加えて，管理職の送信メールのうち部内に送られた割合(部内コミュニケーション比率)が高いほど，各部の売り上げに関する数値でみたパフォーマンスが高くなるという結果を得た．Zhang and Venkatesh (2013)は大手電気通信会社の 104 人のオンライン(電子メールやインスタントメッセンジャー，携帯電話のテキストメッセージなど)とオフライン(対面による)のコミュニケーション・ネットワークが，パフォーマンスに相互に作用して影響を及ぼす補完的な資源であることを明らかにした．

さらに，本章で用いるウェアラブルセンサなど，モバイル端末の普及やセンサ技術の発達で人の行動を長期的に計測することが可能になり，この分野の研究も進んだ[2]．渡邊ら(2013)は，アウトバウンド型の 2 つのコールセンターでセンサを用いてコミュニケーション量を計測し，休憩中の職場の活発度が生産性に影響を及ぼすことを明らかにした．田原・山口 (2017)は，社会心理学の観点から，センサを使って企業の研究開発業務を行うプロジェクト・チームを対象に 11 か月間にわたり対面情報を記録し，チーム・コミュニケーションの発達過程と業績パフォーマンスの関連を明らかにした[3]．

こうした既存のコミュニケーション，あるいは社会ネットワークの研究において注目されてきたのが，「ネットワーク中心性」という概念である．ネットワーク中心性は，行為者の社会ネットワークにおける位置づけを示すもので(安田，1997)，行為者がどの程度多くの結合関係をもっているかを捉える(Wasserman and Faust, 1994)．

しかし，中心性にもさまざまな指標があり，それぞれの指標によって示される行為者の結合関係は異なる．本章では特に，「次数中心性」および

---

[2] 海外で用いられている sociometric badges については Kim et al.(2012)や Olguín Olguín et al.(2009)などを参照．また，Chaffin et al.(2017)はウェアラブルセンサで計測されるデータを検証して技術の有用性を確認し，センサの使用で生じる潜在的なエラーの注意を喚起している．

[3] このほか，森脇ら(2013)は，国内中規模ホームセンターにおいて，顧客，店員の位置，対面，動きに関する行動データと POS データを併せて分析し，店員の滞在時間が店舗全体の顧客単価の増加に大きく影響する「ホットスポット」が存在することを発見したことは特筆に値する．実際にホットスポットに店員を配置することで顧客単価が 15％ 増加したことを確かめた．

「媒介中心性」と呼ばれる指標に注目した分析を行う.

次数中心性は最も素朴な中心性の指標であり,各人が何人とコミュニケーションをもったかという,コミュニケーション相手の総数である.それに対し,媒介中心性は,その社員がネットワークにおける結節点となっているかどうかを示す指標で,任意の2点を最短経路でつなぐ際に,その点が経由される程度として定義される.

これら2つの中心性の違いを理解する上で図6-1が視覚的にわかりやすい.図6-1のパネル(a)は,あるネットワークの例である.各円が個人であり,その間の線(紐帯)が個人間のコミュニケーションがある状況であるとする.ここで,各個人の次数中心性を求め,その大きさを円の大きさで示したものがパネル(b)である.個人5や個人4は多くのコミュニケーション相手をもち,次数中心性が高いため,円が大きく描かれている.続いて媒介中心性によって円の大きさを示したのがパネル(c)である.この図において,個人5と個人4が非常に大きな媒介中心性指標をもっていることがわかる.このネットワーク関係において,左下(個人1, 2, 3, 5)と右上(個人4, 7, 8)にネットワークのクラスターが存在しており,それぞれのクラスターをつなげる上で,個人5と個人4を必ず経由しなくてはならない.つまり,媒介中心性の高い個人は,仮にネットワークを通じた情報交換がなされているとするなら,それぞれのクラスターで交換された情報いずれにも容易にアクセスできる位置にいるといえるのである[4].

こうした中心性の指標を用いてネットワークと企業や個人のパフォーマンスとの関連を分析した研究が存在する[5].Ahuja, Galletta, and Carley(2003)は2時点で得られた電子メールログに基づいて,次数中心性からパフォーマンスの予測が可能である結果を示した.Mehra, Kilduff, and Brass(2001)は,あるハイテク企業の従業員の社会ネットワークを聞き取り調査で捉え,各従業員のパーソナリティ,および業務パフォーマンス

---

[4] Wasserman and Faust(1994)では,次数中心性を $C_B(n_i)=\sum_j x_{ij}$ (ただし,x_{ij}:行為者 i と j の間の紐帯の数),媒介中心性を $C_B(n_i)=\sum_{j<k} g_{jk}(n_i)/g_{jk}$ (ただし,g_{jk}:行為者 j と k を結ぶすべての経路(紐帯)の数,$g_{jk}(n_i)$:それに行為者 i が介在する経路(紐帯)の数)と表している.

[5] Zhang and Venkatesh(2013)で関連する先行研究が紹介されている.

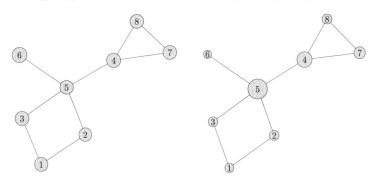

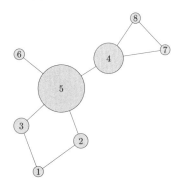

図 6-1　次数中心性と媒介中心性

との関係を定量的に分析した．ここでは，中心性指標として，次数中心性，および媒介中心性に注目した分析を行っている．Bulkley and Van Alstyne(2006)は，中規模の管理職専門人材斡旋会社を対象に，ネットワークのより中心的な位置にいることとその者のパフォーマンスに正の相関があることを示した．また Cross and Cummings(2004)は，聞き取りや観察記録などを基に，コンサルタントやエンジニアのデータから，自分のグループ外への紐帯をもち，そこでの媒介中心性の高さが個人の業績評価の高さに一定の効果を与えることを明らかにした．

　しかしながら，これまでの研究は，質問紙調査による社会ネットワークについての分析が中心である．こうした研究の限界として，分析が横断面

分析に限定されることで，ネットワークの特性と個人の成果との関係を分析する際に，個人の観測できない特性とそれぞれの指標との間の相関がもたらす内生性の問題に対処することが困難である点が挙げられる．たとえば，能力の高い個人はより多く他人とコミュニケーションを取る傾向にあり，かつ，その能力の高さゆえ，コミュニケーションとは独立に成果が高いという関係は十分に考えられる．それに対し，本章では，高頻度で収集されたコミュニケーション・データ，および成果指標によって，パネルデータ分析を行った．したがって，個人固定効果によって各社員の観測されないさまざまな特性を制御することができる．

以上の先行研究を背景に，本章は，コミュニケーション・ネットワークが社員個人および事業所の生産性に与える影響について検証する．特に，これまで研究で注目されてきた中心性指標に注目した分析を行う．したがって，具体的に本章で検証する仮説は以下の通りとなる．

仮説
ネットワーク中心性の増加は生産性を上昇させる．

第3節 調査対象企業と調査方法

実施した聞き取り調査[6]と得られた資料に基づき，本節では，調査対象企業A社の属性と業務内容，ならびにA社で用いられている業績指標について概観する．また，実施した調査の概要を記す．

1 調査対象企業
(1) 事業内容と従業員属性

分析対象企業A社の主たる業務は，顧客が使用しているソフトウェア（ミドルウェアを含む）の安定稼働のためのサポートで，それを円滑に実行す

---

6) 聞き取り調査はAⅠ事業所においては2016年1月25日と12月5日，2017年5月26日に，AⅡ事業所においては2016年2月16日と12月27日，2017年2月15日と5月29日に，いずれもA社の正社員に対して実施した．

るために,全国に 10 以上の事業所を展開する,正社員数 300 人未満の企業である.われわれは,所在県の異なる A 社の 2 事業所で,2016 年 1 月から同年 3 月にかけて各事業所で 20 日間ずつ,延べ 99 人[7]の社員を対象に,日立製作所が開発した名札型ウェアラブルセンサと赤外線ビーコンを用いてコミュニケーションの定量的測定を行った.

実際の計測期間と対象者の数および社員区分は表 6-1 の通りである.みられるように,A 社では,地域とサポートを担当するオペレーティング・システム(OS)ごとに事業所が異なる.事業所では,担当する OS ごとにグループを構成し,豊富なサポートノウハウをもった専門技術者が基本的な設定および使用方法からトラブル解決まで対応している.規模が大きい OS W と OS X のグループは顧客からの問い合わせ内容で QA とトラブル[8]のチームを構成している.

ひとつの事業所には事業所全般を管轄する管理職とその下にグループを管轄するグループリーダーが存在する[9].いずれも組織のまとめ役で,品質管理や事務処理(派遣会社との対応,契約),顧客からのクレーム対応を主たる業務としている.さらに,各グループにはグループリーダーのサポートとメンバーのフォロー役を兼ねるテクニカルアドバイザー(以下 TA と略記する)がいる.TA はディスパッチテーブル[10]をみてメンバーの作業状況を把握し,必要に応じアドバイスを行うとともに,メンバーからのインスタントメッセージやチャットでの問い合わせに迅速に対応する.管理職,グループリーダーさらに TA は,顧客からの案件を直接担当することはない.TA とメンバーさらにはメンバー間でコミュニケーションがとりやすいように,事業所内の座席は,おおよそ,グループやチームごとにま

---

7) A I 事業所の管理職 1 名が A II 事業所での計測期間中に A II 事業所に異動し,計測期間の途中から A II 事業所でもセンサを装着したため,延べとした.また,毎日,出張等で不在の者が散見され,常時 99 人が装着しているわけではない.
8) QA とは単なる質問で,トラブルは何らかのエラーメッセージが出て通常と異なることが起こっていることに対する問い合わせをいう.
9) A II 事業所の OS Z を担当するグループのように,グループによっては,管理職がリーダーを兼務するケースもある.
10) ディスパッチテーブルには,個々のメンバーへのインシデント番号の配分とその時点での対応状況(難件を多く抱えていて新規問い合わせに対応できないことを示す「緊急」の表示等)が表示されている.

表 6-1 A 社の調査対象事業所と

事業所	AI事業所						AII				
調査実施期間	2016年1月8日から2月5日までの20日間						2016年2月10日から				
対象社員区分	調査対象人数 AI+AII	調査対象人数	OSW				管理職	調査対象人数	OSX			
			QA	トラブル	TA	リーダー			QA	トラブル	TA	リーダー
社員	26	12	6 2.3	2 21.8	2 24.8	1 23.8	1 30.8	14	0 -	1 10.8	2 8.4	1 17.8
派遣社員	73	38	13 4.7	19 7.4	6 7.1	0 -	0 -	35	10 1.0	9 4.8	1 15.3	0 -
計	99	50	19	21	8	1	1	49	10	10	3	1

とまっている.また,2事業所で調査に協力いただいた対象社員の7割強(73人)は常用型の派遣社員である.管理職とリーダーはすべて正社員であるものの,派遣社員にも技術力が高い者が多く存在し,TAの半数以上は派遣社員であるなど,正規・非正規間でサポート業務の内容に大きな差はない.

対象社員区分の行は2段からなるが,上段が人数,下段が調査開始月時点でのA社での平均勤続年数を表している.担当者の大半を占める派遣社員の各チームやグループのA社での平均勤続年数をみると,AII事業所のOSXのQA担当(10人)のそれが1.0年と極端に短いものの,AI事業所のOSWのQA担当(13人)は4.7年,AII事業所のOSXのトラブル担当(9人)が4.8年,それ以外のグループはいずれも7年以上と,派遣社員も長期にわたりA社で従事していることがわかる.

(2) 業務の流れと成果指標

2事業所のグループリーダーとTAクラスの正社員に行った聞き取り調査に基づいて,顧客からの問い合わせから担当者の対応,回答にいたる一連の業務の流れ,さらにはA社における成果指標について概説する.

顧客からの問い合わせからインシデントの配分まで まず,製品を使用する法人顧客からサポートセンターに電話やメール,ウェブで問い合わせがくる.それを確認したオペレーターが顧客から使用しているOSと

調査の概要

事業所

3月9日までの20日間

事業所	OS Y			OS Z		管理職
	担当	TA	リーダー	担当	TA	
	1 0.3	2 14.8	1 16.8	4 5.6	0 -	2 26.8
	5 7.9	0 -	0 -	8 8.3	2 15.3	0 -
	6	2	1	12	2	2

注）調査対象期間は，期間中の土日祝日を除く20日間である．
社員は正社員と契約社員である．派遣社員は派遣元会社に無期雇用されている派遣労働者である．
社員区分の行の上段は人数，下段は調査開始月時点でのA社での平均勤続年数を表す．
TAとはテクニカルアドバイザーの略である．AⅡ事業所のOS YとOS Zでは，QAとトラブルに分かれていないため，担当とした．

問い合わせ内容(QAかトラブルか，そしてその概要)を把握し，インシデント番号を発行して担当事業所のTAにメールで通知をする．通知を受けたTAはメンバーの作業状況等を示すディスパッチテーブルと個々の社員の対応可能な製品情報を基に，正規・非正規の区分を問わず，最後の割当てから最も時間が経っている者にインシデント番号を配分する[11]．それと同時に，配分されたメンバーのパソコン画面にはその旨が表示される．このことは，割り当てられるインシデントの難易度はインシデントごとに異なるとはいえ，ランダムに与えられているということを意味する．つまり，技術の高い社員に対し，高難度のインシデントが優先的に割り当てられるということはない．

担当者の対応　TAからインシデント番号を割り当てられた担当者は，一定時間以内に法人顧客担当者に電話もしくはメールで連絡し，具体的な問い合わせ内容を確認する(ファーストコールバック)．そののち，担当者は対応策を検討し，検証機[12]で検証したのち顧客へメールもしくは

---

[11] インシデント番号を配分する際，個々の社員のスキル・レベルや問い合わせ内容の難易度は問わない．そのような事情を考慮していると，TAが迅速にインシデント番号を配分することができないためである．配分された者にとって問い合わせ内容が難しく対応できない場合はTAに対処方法を相談したり，TAが他のメンバーに配分し直したりする．ただし，インシデント番号を配分し直すケースはまれであるという．また，一部のグループでは，TAによる手動ではなく，ディスパッチ自動配分システムを導入し運用している．

[12] 検証機とは，問い合わせの対応策を検討してその結果を顧客に回答する際に，問い合わせ内容を基に顧客のシステムの現状と同一の状態にして，その回答で顧客の問い合わせ内容が上手く解決できるか検証するための機械である．

電話で回答する．担当する案件に関し，TAやチームの他のメンバーにアイデアを募りたい場合は，直接の会話やインスタントメッセージ，チャットなどを通じて解決を図る．それでも解決できない場合は，開発元やベンダーに問い合わせる．このように，インシデントへの対応は，TAやチームの他のメンバーへの相談を行うとはいえ，基本的には担当者個人に割り当てられるものであり，チーム全体に対して割り当てられるものではない．

成果指標[13]　A社では月1回，各事業所のグループリーダークラス以上の社員が出席して品質会議が開催される．毎月，担当者ごとにいくつかの指標の月間の数値が計算され，グループ全体および個人の品質と生産性に関する数値の報告と理由説明がなされる．グループや事業所単位の成果指標の数値は担当者のそれを足し合わせて計算される[14]．主たる成果指標は以下の通りである．

1. 電話もしくはメールでの問い合わせ内容の確認(ファーストコールバック)までの所要時間(個人の生産性)
2. 顧客へ所定時間内に最終回答できた問い合わせ件数の割合(個人および事業所の生産性)
3. 事業所内で解決できた問い合わせ件数の割合(事業所の生産性)

なお，A社では，2の期限内解決と3の事業所内解決では，顧客満足度の観点から2の期限内解決を優先している．事業所内解決や期限内解決にはインシデントを割り当てられたメンバーの能力とともに，仕事の進め

---

13)　A社においては，割り当てられたインシデントにより難易度が異なり，成果指標の数字だけで担当者の業績を判断するのは難しいことから，ここで示した成果指標と個々の人事考課を切り離して考えている．数字には表れない周囲のフォロー(ヘルプや育成など，周りの面倒をみること)等の貢献度を人事考課の際は重くみているという．

14)　本文で記した3つの成果指標のほか，無作為に抽出された顧客へのアンケート結果(個人および事業所の生産性，10段階評価で最高評価の10か9を獲得した件数の割合．5未満の評価はグループで対策を検討)，顧客からの何らかのクレームや指摘の受理件数(個人および事業所の生産性)などがある．

出所）日立製作所社内資料．
図6-2　名札型ウェアラブルセンサと赤外線ビーコン

方も重要になってくるという．スキルがあればその人が事業所内解決できる可能性が高くなる．難易度が高く解決できない場合は顧客との相談（交渉），対応，メンバーとの連携，担当する他のインシデントとの時間配分のコントロールなどが鍵となり，これらが上手くできないと，成果指標の基準である所定時間を過ぎてしまう．そうならないよう，それをチェックするのも TA の重要な仕事であるという．

2　対面コミュニケーションの計測

2事業所内での社員の対面情報を基にしたコミュニケーション・ネットワーク分析を行うため，日立製作所製のウェアラブルセンサを用いてコミュニケーション量を計測した．調査期間中，社員には，出張等長時間にわたり外出するときを除き，出勤時から退勤時まで，図6-2の左のような名札型センサを首から下げて業務に従事してもらった．ウェアラブルセンサには，組織内のコミュニケーション量を測定する赤外線センサと，動きとコミュニケーションの質（活動量）を測定する加速度センサが搭載されている．さらに，事業所内の机上などに赤外線ビーコン（図6-2の右）を設置することで，いつどこで誰と誰が何分間対面したかという位置情報を得ることができる．

第4節　事業所におけるコミュニケーション・ネットワーク

本節では，ウェアラブルセンサを用いて計測された結果に基づき，コミュニケーション・ネットワークを示す重み付きの無向グラフ（ソシオグ

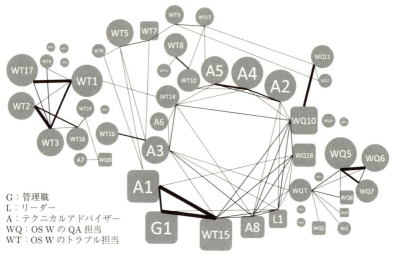

G：管理職
L：リーダー
A：テクニカルアドバイザー
WQ：OS W の QA 担当
WT：OS W のトラブル担当

注）ソシオグラムの見方（図 6-4 も含む）
　　図中の図形は被験者を表す．図形は社員区分を表し，○は派遣社員，□は社員を表す．図形の中の英文字は個々の被験者の担当業務を表し，AI 事業所の W は OS W，Q は QA，T はトラブル，G は管理職，L はリーダー，A はテクニカルアドバイザーである．AⅡ事業所の X, Y, Z はそれぞれ OS X，OS Y，OS Z を意味する．図形の大きさは，ウェアラブルセンサ装着時間，すなわち，事業所内での勤務時間に占める他の社員との対面時間の割合で 6 つの大きさに区分している．具体的に，他の社員との対面時間の割合が 25％以上の者を最も大きな図形で示し，15〜24％，9〜14％，6〜8％，3〜5％，3％未満と割合が低くなるほど図形の大きさを小さくしている．紐帯は 20 日間で 100 分以上，平均すると 1 日 5 分以上対面した場合に描かれ，太さは 20 日間で 100〜249 分対面した社員間の紐帯が最も細く，250〜499 分，500〜999 分，1000〜1499 分，1500〜2999 分，3000 分以上と対面時間が長くなるほど紐帯の太さを太くしている．

図 6-3　AⅠ事業所のコミュニケーション・ネットワークを示すソシオグラム

ラム）を描き，ネットワークの基本特性を測るいくつかの指標を計算して，A 社の社員間のコミュニケーションの実態を明らかにする．

　ここで，無向グラフ（ソシオグラム）の見方を説明しよう（図 6-3，図 6-4）．図中のノード（本章では図形）は被験者を表し，その大きさは 20 日間にわたるウェアラブルセンサ装着時間，すなわち，事業所内での勤務時間に占める他の社員との対面時間の割合で 6 つの大きさに区分している．図形の形は社員区分を，図形の内部のアルファベットは担当業務および担当 OS を，数字は個々の社員番号を表している．個々の社員を示す図形を結ぶ紐帯の太さは両者間での対面時間の長さを反映している．しかし，紐帯が描かれていないということは，必ずしも対面時間が 0 分ということではな

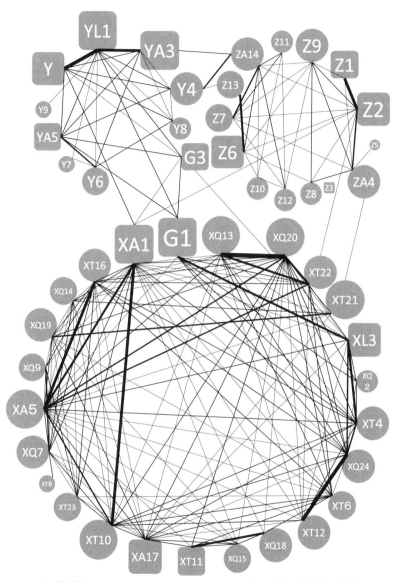

G：管理職
XL，YL の L：リーダー
XA，YA，ZA の A：テクニカルアドバイザー
XQ：OS X の QA 担当
XT：OS X のトラブル担当
Y：OS Y 担当
Z：OS Z 担当

図 6-4　A II 事業所のコミュニケーション・ネットワークを示すソシオグラム

い．ここでは20日間で100分以上，平均すると1日5分以上対面した場合に紐帯を描いている．

計測結果を基に図6-3と図6-4に描かれたソシオグラムを眺めてみよう．図中の個々の社員を示す図形の位置はおおよそ事業所内での座席の位置を反映し，図は紐帯で描かれるネットワークが明確になるよう描かれている．AⅠ事業所(図6-3)では，既述の通り，全員が同じOS Wを担当しているが，座席の位置も関係して，QAとトラブルなど担当業務が異なると対面によるコミュニケーションの頻度が少ない．また，後述するAⅡ事業所に比べ，個々の図形から放たれている紐帯の数がきわめて少なく，平均すると1人当たり1.8本にすぎない．あるネットワークにおいて紐帯がどれだけ濃密に存在するかを示すネットワークの密度[15]も0.064と低い．20日間で100分以上対面した相手のいない孤立点も9つ(9人)存在する[16]．1つの図形に何本の紐帯が接続しているかを示す次数も10(図6-3中の右下のWQ1の者)が最大である．

もう少し詳細にみると，先にも述べたように，AⅠ事業所内では担当業務ごとに小さなネットワークが形成されていることがわかる．QA担当(図形内のアルファベットがWQの者)の多くは，最も次数が高いWQ1につながっている．サポートとメンバーのフォロー役を務めるTAやトラブル業務を担当するメンバーとのコミュニケーションもWQ1を介して行われている．このことからWQ1は情報伝達のハブ，すなわち図6-1にいう媒介中心性の高い業務上のキーパーソン的存在と考えられる．WQ10もWQ1と同様の役割を担っていよう．トラブル(図形内のアルファベットがWTの者)を担当する者においても，QA担当者より紐帯がみられるもののコミュニケーション・ネットワークの密度は高くなく，WT14やWT10が媒介中心的個人の役割をしている．先にみたQA担当より，TA(図

---

[15] 紐帯の重みを考えない無向グラフのネットワーク密度は，紐帯の数/{ネットワーク内の人数×(ネットワーク内の人数−1)÷2}で求められる(安田, 1997)．

[16] 本文でも述べたように，紐帯が描かれていなくても全くコミュニケーションをとっていないわけではない．また，特にQA担当者に多くみられるが，担当者のスキルが高度化し，問い合わせ内容に関し，誰にも相談することなく対応が可能であること，さらには，対面による会話ではなく，チャットや掲示板を使って他のメンバーとのコミュニケーションがとられている可能性がある．

形内のアルファベットがAの者)との対面コミュニケーションを表す紐帯の本数も多くなる．媒介的な役割をしている担当者から問い合わせやサポートの依頼を受けるTAおよびリーダー(L)，管理職(G)間では紐帯によって直接結合の関係で結ばれている者が多く観察される．それでも次数は低く(次数の平均は5.1)，対面時間を表す紐帯の太さも細い．次数が高く，直接結合の関係が多くみられるのは，図形が四角の正規社員であるケースが多い．太い紐帯は座席が近隣の者との間で多くみられる．ＡⅠ事業所のソシオグラムから，業務上のキーパーソンは正規社員に限らず，むしろ，次数が高く太い紐帯で結ばれているのは派遣社員で，業務の中心を担っている様子がうかがえる[17]．

　ＡⅡ事業所のソシオグラムに目を移したい(図6-4)．ＡⅡ事業所のそれは，ＡⅠ事業所のそれと比較し，個々のメンバーから放たれている紐帯の本数が総じて多く(次数の平均は8.4)，密度の高いネットワークが形成されていることがうかがえる(ネットワーク密度は0.1743)．孤立点も1つ(1人)しか存在しない．しかし，TA(A)やリーダー(L)も担当OSごとに存在することもあって，担当業務が異なる者を結ぶ紐帯はほとんどみられず，担当するOSごとにコミュニティが形成されている傾向がＡⅠ事業所より顕著である．

　OS Xを担当するグループ(図形内のアルファベットがXではじまる者)では，紐帯によって直接結合の関係にあるケースがほとんどで，ネットワークの密度が高いことがわかる．24人のメンバーで次数が20を超えるTAもいて(図6-4中のXA5)，グループの次数の平均は1人当たり11.58，ネットワーク密度も0.48と高い．対面時間が長いことを示す太い紐帯もＡⅠ事業所に比べ数多く描かれている．次数中心性が高い者が多く，ＡⅠ事業所でみられたような顕著に媒介性が高いリーダー的存在の者はグループ内には存在しない．OS YやOS Zグループのコミュニケーション・ネ

---

[17] 社員メンバー同士での会話の内容は，ちょっとした相談や雑談，メールの査読の依頼と対応が考えられる．TAとメンバーでは，メンバーからの相談，問い合わせ，個人で対応することが困難な問題の報告，メールの査読の依頼と対応などが考えられる．TAと管理職では，メンバーから受けた個人で対応することが困難な問題の報告と対応策の検討が考えられるという．

ットワークのコミュニティも同様の傾向にある．OS Y グループの次数の平均とネットワーク密度は 5.4 と 0.56，OS Z グループのそれらは 4.9 と 0.34 で，グループのメンバー全員と直接結合の関係にある次数中心性が最高のグループリーダー(YL1)も存在する．

担当する OS が異なる者との紐帯はほとんどみられない中で，異なる OS のメンバー間で紐帯が描かれ直接結合の関係にあるのは管理職(G1，G3)や TA で，この者たちが異なる OS グループとのコミュニケーション・ネットワークを接合している．先に示した XA5 や YL1，さらには OS X の TA でありながら OS Y と OS Z グループのメンバーと紐帯で結ばれている XA1 は次数中心性のみならず媒介中心性も高く，業務遂行上重要な働きをしていると考えられる．

A I 事業所のグラフ(図 6-3)に描かれた紐帯の数は A II 事業所のそれ(図 6-4)に比べて少なかった．その理由を考える際，社会心理学の知見が参考になろう．すなわち，集団(チーム)の形成期から一定期間が過ぎて安定期に入るとメンバー間の対面等直接的なコミュニケーションは，減少して一定水準に収束・固定化される(古川，1989)．

表 6-1 でもみたように，A II 事業所，とりわけ OS X グループのメンバーは A II 事業所での業務経験が短い者が多かった．このような場合，メンバー間の相互作用が不十分なため，課題遂行に必要な情報共有や目標・役割の明確化などに多くの直接的なコミュニケーションが必要であると思われる．A I 事業所でみられたメンバー間のコミュニケーションの少なさはメンバー間の認知の共有が進んだ結果の現象と思われる．心理的側面からみたチームワークの研究における概念のひとつに「共有メンタルモデル」がある．チームが取り組む課題の内容や遂行の仕方，チームやメンバーの特性に関する知識やイメージがメンバー間で共有されているので，チームのメンバーはコミュニケーションを行わずともチーム活動に対して共通の理解や知識をもつ(山口，2008)．メンバーによる認知共有を意味するこのモデルは，チーム・パフォーマンスと正の関連性があることが実証されている(DeChurch and Mesmer-Magnus, 2010)．さらに，長期にわたり同じメンバーと協働することでトランスアクティブメモリーシステ

ム[18]が構築され，組織内の'who knows what'をメンバーが共有している状態にあるものと思われる．ＡⅠ事業所のコミュニケーション・ネットワークは，田原・山口(2017)において示された，高いパフォーマンスを示しているグループのコミュニケーション・ネットワーク，すなわち，密度は低いものの，特定の相手との効率的なコミュニケーションがとられている様相に類似していると思われる．

あるいは Ichniowski and Shaw(2009)の理論的整理に基づくと，コミュニケーションの量を決定づけるのは，その職場で利用されている技術の先進度，チーム志向の人事政策・慣行である．ＡⅠ事業所で扱われているOS に比べてＡⅡ事業所で扱われているOS，特に OS X の業務は OS の性格上，OS Y や OS Z の業務で求められる知識も幅広く必要とする．同僚のもつ知識により頼るべき状況が多いことから，コミュニケーションがより密であるとも考えられる．また，いずれの事業所のソシオグラムにおいても，わずかにみられた太い紐帯は，コミュニケーション・コストが低いと思われる，座席の隣や対面といったきわめて近隣の位置にいる者との間で描かれる傾向が示された．

第5節　計量経済分析

本節においては，得られたコミュニケーション・ネットワークデータ，社員，および事業所の成果指標を用いて，第2節において提示された仮説の検証を行う．

1　分析戦略

まず，計量経済分析のためのデータの構築方法について述べる．本章で用いたデータを収集した期間は各事業所について 20 日間である．また，

---

[18] 日本語では，交換記憶あるいは対人交流的記憶，越境する記憶と訳される．個人レベルでは解決困難な事柄に遭遇した場合でも，チーム内の他のメンバーのもつ知識によって補完することができれば，チーム活動として多様な問題解決が可能となる．ただしそのためには，メンバーが個々に独自の情報や知識を獲得し専門性を高めるだけではなく，メンバー間で誰がどんな専門性をもっているのかについて共通認識を得ておくことが必要になってくる．このような集団による情報の分有システムをいう(田原, 2014)．

業務情報については分レベルで利用可能である．このような情報を各社員について平日5日間(1週間)で集計し，各社員について3週間分のパネルデータを構築する．このデータによって，前節で提示した仮説に基づいて，事業所 o に所属する，雇用形態が s の社員 i の週 t におけるパフォーマンスを以下の回帰式によって分析する．

$$y_{iost} = \alpha + \beta x_{iost} + \eta_i + \xi_{ost} + \varepsilon_{it}$$

ここで，x_{iost} は社員 i の週 t におけるコミュニケーション・ネットワークの中心性指標，η_i は社員固定効果，ε_{it} は誤差項である．また，その週の事業所における同一雇用形態の社員の平均パフォーマンスを制御するため，自分を除いた同一事業所の同一雇用形態社員の平均パフォーマンスを ξ_{ost} として導入した．この変数は，事業所×雇用形態×週ダミーを作成することで制御できるショックの制御のために導入されたものである．つまり，ある週における，ある事業所のある雇用形態の従業員固有のショックについてここで制御されていると解釈できる．

成果指標 y_{iost} については，以下の通り，週レベルでの集計を行った．A社では，土曜・日曜の休業日をまたいで解決業務を行うことは業務の円滑化の観点から好まれていないため，基本的にはその週に発生したインシデントはその週の中で解決することを原則としている．この原則を考慮し，各社員について，週 t にその社員に割り当てられたインシデントについて，各成果の達成率をその社員の週 t の成果と定義した．たとえば，ある社員が週 t に6つのインシデントが割り当てられ，うち5件について時間内コールバックを達成できた場合，その社員の週 t における時間内コールバック指標は5/6となる．

次に，コミュニケーション・ネットワークの中心性指標 x_{iost} について説明しよう．本研究では，第2節で紹介した次数中心性，および媒介中心性をそれぞれ中心性指標として用いた．紐帯を結ぶための閾値は，それぞれの週において1日平均5分以上のコミュニケーションを行った社員同士に紐帯を結んだ[19]．したがって，この中心性の指標も週ごとに定義され，変化する指標となる．以上の推定式を固定効果法によって推定す

表 6-2　分析に使用した変数の要約統計量

	AⅠ事業所 観測数：101		AⅡ事業所 観測数：113		計 観測数：214	
	平均	標準偏差	平均	標準偏差	平均	標準偏差
コミュニケーション時間	89.648	106.310	179.150	162.117	136.909	145.366
リーダーとのコミュニケーション時間	15.492	36.803	34.110	31.600	25.323	35.324
次数中心性	2.693	2.331	7.558	4.822	5.262	4.550
媒介中心性	30.638	51.027	24.951	45.579	27.635	48.196
コールバック	0.974	0.054	0.973	0.070	0.974	0.063
メール返信	0.962	0.148	0.891	0.263	0.925	0.217
期限内解決	0.725	0.180	0.761	0.220	0.744	0.202
事業所内解決	0.985	0.044	0.950	0.099	0.967	0.080

る．

変数の要約統計量は表6-2において示される．本章で対象としたAⅠ事業所とAⅡ事業所のそれぞれにおける記述統計，および両事業所をプールした結果を示している．調査対象者の週当たりの平均コミュニケーション時間は137分間だが，その標準偏差も非常に大きく，AⅠ事業所のそれ(89.648分)はAⅡ事業所のそれ(179.150分)の半分でしかないなど，社員間および事業所間でコミュニケーション時間に大きな差があることがわかる．

こうした推定戦略においては，以下のような内生性の懸念が考えられる．まず，コミュニケーションにおける指標が，成果と相関する社員の特性と相関しているというものである．たとえば，コミュニケーション・ネットワークにおいて中心的な位置にいる社員はそもそも能力が高く，さまざまな同僚からアドバイスを求められているというようなケースがそれにあたる．本章では，パネルデータを用いて個人の固定効果を制御しているため，時間を通じて変化しない個人の能力については明示的に制御されているといえる．また，わずか3週間のデータであるため，個人の能力がその期間で劇的に変化するということも考えられない．このことから，本章ではこのような内生性の懸念については対処できているといえよう．加えて，こうした懸念の対応はこれまでの質問紙調査による横断面分析では

---

19)　頑健性(ロバストネス)のチェックのために，この閾値を3分にして分析も行ったが，結果は変わらなかった．

表 6-3　ネットワーク中心性が業務成果に及ぼす影響の

	(1) コールバック	(2) コールバック	(3) メール返信	(4) メール返信
次数中心性	−0.00212 (0.00521)		−0.00676 (0.00770)	
媒介中心性		0.000107 (0.000108)		−0.0000797 (0.000436)
log(コミュニケーション時間)	0.0137 (0.0157)	0.00727 (0.00792)	−0.00955 (0.0188)	−0.0217 (0.0258)
定数項	1.745*** (0.545)	1.747*** (0.540)	0.295 (0.279)	0.341 (0.290)
週固定効果	yes	yes	yes	yes
事業所/雇用形態/週疑似固定効果	yes	yes	yes	yes
社員固定効果	yes	yes	yes	yes
自由度修正済決定係数	0.040	0.041	0.153	0.149
観測数	213	213	162	162

困難であった点であり，本研究の貢献である．

　次に，インシデントが選択的に個人に割り当てられていることについての懸念である．たとえば，難易度の高いインシデントが能力の高い社員に選択的に割り当てられ，かつ社員の観測されない能力とコミュニケーション・ネットワークとの間の相関がある場合，やはり内生性の問題が生じると考えられる．しかし，第3節で述べた通り，OS と担当可能業務を制御した上ではインシデントの難易度はランダムに各社員に割り当てられていることから，この問題も生じていないと考えられる．

　さらに，特定の事業所のみ特定の週に忙しくなったり，あるいは特定の事業所の特定の雇用形態の社員に対して困難なインシデントが大量に発生したりするというような懸念もある．これについては，前述の通り自分を除いた同一事業所の同一雇用形態社員の平均パフォーマンスを ξ_{ost} として明示的に制御することで対応している．

　最後に，従業員がコミュニケーションを取るかどうかの意思決定は，そもそも割り当てられた問題の難易度に依存していることが考えられる．この場合，問題の難易度を制御しないと，問題の難易度の高さがコミュニケーションに影響し，難易度の高さがその問題の解決率に影響するというものである．このような問題に対処するため，問題難易度と相関が高いと

推定結果——全体

	(5) 期限内解決	(6) 期限内解決	(7) 事業所内解決	(8) 事業所内解決	
	0.0223 (0.0158)		−0.00469 (0.00390)		
		−0.000108 (0.000615)		0.000504* (0.000266)	
	−0.0900* (0.0472)	−0.0368 (0.0364)	−0.00345 (0.0124)	−0.0184 (0.0126)	
	0.915*** (0.279)	0.764*** (0.276)	3.409*** (0.880)	2.766*** (0.709)	
	yes	yes	yes	yes	注）カッコ内はクラスター
	yes	yes	yes	yes	ロバスト標準誤差であり，
	yes	yes	yes	yes	* は10％水準で，** は
	0.117	0.089	0.087	0.140	5％水準で，*** は1％
	145	145	214	214	水準で統計的に有意である ことを意味する．

考えられる，総コミュニケーション時間を制御変数として導入し，分析を行う．

2 推定結果

推定結果は表6-3に掲げられている．まず，列(1)は成果指標として期限内コールバックを，中心性指標として次数中心性を用いて推定を行った結果である．次数中心性の係数は有意に0と異ならず，期限内コールバックによって示される成果に影響しないことが示された．続いて列(2)は成果指標として期限内コールバックを，中心性指標として媒介中心性を用いて推定を行った結果である．同様に，媒介中心性の係数は有意に0と異ならず，期限内コールバックによって示される成果に影響しないことが示された．以上のことから，期限内コールバックで示されるような個人の単純な成果に対し，中心性は影響しないといえる．

次に，成果指標として期限内メール返信を用いた結果を列(3)および列(4)で示した．列(3)は中心性指標として次数中心性を，列(4)は媒介中心性を用いたものである．次数中心性および媒介中心性はいずれも期限内メール返信という成果指標に対し有意な影響をもたないということがわかった．

さらに，成果指標として期限内解決を用いた結果を列(5)と列(6)で示した．列(5)は中心性指標として次数中心性を，列(6)は媒介中心性を用いたものである．いずれの中心性指標の係数も有意に0と異ならないという結果を得た．つまり，中心性指標は期限内解決という個人およびチームの成果にも影響しないことがわかった．

最後に，成果指標として事業所内解決を用いた結果を列(7)と列(8)で示した．列(7)は中心性指標として次数中心性を用いたものであるが，中心性の係数は有意に0と異ならなかった．それに対し，列(8)は媒介中心性を中心性指標として用いたものである．ここで，中心性の係数は正で有意な結果が得られた．また，その効果の大きさであるが，媒介中心性の1標準偏差分の上昇は，事業所内解決率を0.34標準偏差分上昇させることが示された．媒介中心性は，その個人が主導するインシデントの事業所内解決率に対し，有意な正の効果をもつと考えられる．

このように，媒介中心性が成果に対して影響をもたらすことが確認されたが，そもそもAⅠ事業所とAⅡ事業所とでサポートを行っている製品は異なる．実際に表6-2で示された要約統計量においても，ネットワーク指標，および成果指標について平均値に違いがみられる．このような特性の異なる可能性のある2つの事業所のいずれにおいても媒介中心性は成果に影響するのであろうか．この問いに答えるため事業所別の推定を行った．

表6-4は，成果指標に事業所内解決を用い，それぞれ事業所別に，各中心性の影響を分析した結果である．列(1)は，中心性指標に次数中心性を用い，AⅠ事業所を対象に推定を行った結果である．表6-3と同様，次数中心性の係数は有意に0と異ならなかった．列(2)は列(1)と同様の分析を，AⅡ事業所を対象に行った結果である．やはり，同様に次数中心性の係数は有意に0と異ならなかった．列(3)，列(4)は，中心性指標に媒介中心性を用い，それぞれAⅠ事業所，AⅡ事業所を対象に推定を行った結果である．いずれの事業所においても，媒介中心性の係数は正で有意であった．このことは，扱う製品やチーム編成が異なっていても，媒介中心性が業務成果に対して正の効果をもつといえる．

表 6-4　ネットワーク中心性が業務成果に及ぼす影響の推定結果——事業所別

	事業所内解決			
	(1) AⅠ事業所	(2) AⅡ事業所	(3) AⅠ事業所	(4) AⅡ事業所
次数中心性	−0.00277 (0.00613)	0.0000706 (0.00431)		
媒介中心性			0.000222* (0.000131)	0.000813* (0.000446)
log(コミュニケーション時間)	0.00959 (0.0118)	−0.0288 (0.0314)	0.000314 (0.0114)	−0.0329 (0.0278)
定数項	0.880* (0.438)	4.132*** (1.338)	0.547 (0.417)	2.628** (1.164)
週固定効果	yes	yes	yes	yes
雇用形態/週疑似固定効果	yes	yes	yes	yes
社員固定効果	yes	yes	yes	yes
自由度修正済決定係数	0.081	0.064	0.109	0.163
観測数	101	113	101	113

注)　カッコ内はクラスターロバスト標準誤差であり，* は 10% 水準で，** は 5% 水準で，*** は 1% 水準で統計的に有意であることを意味する．

3　考　察

ここまでの結果を整理すると以下の通りとなる．次数中心性で示される中心性は業務成果に影響しないのに対し，媒介中心性が，事業所内解決という，事業所全体の成果と解釈される成果指標に対して頑健に正で有意な影響をもつことが示された．このことは，次数中心性で示されるような，コミュニケーション相手の数に基づく指標で示されるコミュニケーションは成果に影響しないのに対し，媒介中心性で示されるような，コミュニケーション・ネットワークの結節点に位置することが事業所の成果に影響するということを示すものであるといえる．つまり，社員間コミュニケーション・ネットワークにおいて，単に多数の社員とコミュニケーションを取ることは成果にとって有意な効果をもたらさない．しかしながら，適切な同僚から問題解決にとって適切な情報を能動的に獲得することが，その社員が主導するインシデントの解決に寄与するのである．

これらの結果はどのように解釈できるであろうか．まず，個人の成果にとって最も重要なのはやはり個人のスキルであろう．業務は個別の社員に

割り当てられ，基本的には個人でその業務を遂行する．したがって，通常の業務遂行プロセスにコミュニケーションは必要なく，その業務の成功は個人のスキルによるところが大きいと考えられる．

しかし，いったんその業務の難易度が個人の手に余るほどの大きさになる，あるいはその個人がもっていないスキルを必要とするものである場合，他の社員とのコミュニケーションが必要になってくると考えられる．その際，適切な相手から適切な情報を獲得することが重要となる．このような情報獲得を最も適切に行うことができることが，このコミュニケーション・ネットワークにおいて媒介中心的な位置に立つということなのである．なお，その成果のカウントの仕方は，あくまでも解決を主導した個人単位である．しかしながら，問題解決においては，他の社員からの情報獲得がきわめて重要であったことから，成果としては事業所内解決という指標に表れたのではないかと考えられる．

より実務的な観点から述べよう．難易度が高く，従業員個人の能力・スキルのみで解決することが困難な問題が発生した場合，その問題に詳しい社員との適切なコミュニケーションによって知識と情報を得ることが求められる．なぜなら，ベンダーなどの外部知識に頼らずに問題を自己解決できることは，A社のようなサポート業務にとって決定的に重要だからである．このため，会社も社員個人も，可能な限り効率的な情報収集に努めると考えられる．こうした組織行動が，差し当たり個人単位で定義される媒介中心性を押し上げ，結果として事業所全体の生産性の向上に寄与するというのが，本章の解釈である．

第6節　おわりに

本章では，ウェアラブルセンサによって定量的に収集されたコミュニケーション・データと生産性データを用いて，コミュニケーションが社員の成果，およびそれを通じた事業所全体の成果に与える影響を定量的に分析してきた．その結果，コミュニケーション・ネットワークにおける社員の媒介中心性の高さが，その社員が主導するインシデントの事業所内解決

に寄与するという結果を得た．

　本章の結果を先行研究に照らして評価しよう．対面コミュニケーションが，チームおよび個人の成果に与える影響について，センシングデータによるコミュニケーションの定量的把握および詳細な業務成果データによって精緻な定量的知見を与えたのは本章が最初の研究といえる．その中で，単純なコミュニケーション量でなく，媒介中心性に代表される，コミュニケーション・ネットワークの中で適切な位置取りを行うことがその社員の主導するインシデントの成功につながるという結果は，経営的観点からも重要な含意をもつ．

　しかし，同時に残された課題も多くある．まず，観察不能な問題難易度がコミュニケーション・パターンおよび業務成果の両者と相関することから生じる内生性の問題である．これについては，本章では問題難易度が総コミュニケーション時間に影響するという観点から総コミュニケーション時間を問題難易度の代理変数として解釈することで分析を行った．しかし，今後社員の欠勤や出張などコミュニケーション・パターンへの外生的変動を利用してより精緻な分析を行うことが考えられる．また，本章の分析では，コミュニケーションはすべて対称的であり，どちらがどちらに知識を提供しているかということについての情報はない．このような，知識の提供の向きについての考慮も重要な課題であるといえよう．センシングデータおよび詳細な社内業務成果情報を用いた本章のようなアプローチは，今後さまざまな実務的施策の検証に有効であると考えられる．

終章　日本は，日本企業はどうすべきなのか

　本書を結ぶべき場所に来た．ここまでの諸章では，製品開発プロセスを，下流工程から上流工程へと遡りながら，人材マネジメントとの関連に光を当てて分析してきた．また，日中韓3か国を比較して，類似性と同時に明確な差異を見出してきた．この終章では，分析結果を振り返りながら，日本の強みと弱みとを再確認し，日本の取るべき針路は何かを考えてみたい．

1　日本の研究開発活動の国際的位置

　まず，具体的な製品開発の前提となる要素技術に関する日本の現状を確認しておこう．日本の研究開発活動は，近年，中国や韓国の急速なキャッチ・アップにさらされている．その実態を研究開発の投入と産出という観点から眺めてみよう．
　第1は，研究開発費の推移である．表は示さないが，総額ベースでは，2015年に，①米国5029億ドル，②中国4088億ドル，③日本1701億ドルの順であった（OECD調べ）．総額では中国の伸びが著しい．他方，図終-1にみるように，研究開発費の対GDP比では，2000年代を通じて日本が首位であったものが，2009年に韓国に追い抜かれている．
　第2に，企業部門の研究者数も，2005年以降，日本では50万人程度で横ばいだが，韓国・中国では増加が著しい（図終-2）．特に，韓国では，企業部門の研究者数は，2005年の約14万人から2015年には約28万人へと倍増している．
　第3に，特許出願件数については，日本は減少傾向にあり，2011年に中国に追い抜かれた（図終-3）．中国の場合，自国特許庁への出願が多いという特徴がある．そこで，特許協力条約に基づく国際出願（PCT出願）の件数に絞ると，2016年には，①米国（5万6595件），②日本（4万5239件），

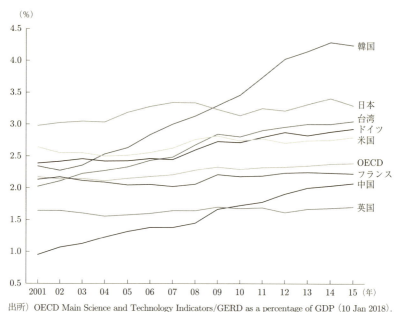

出所）OECD Main Science and Technology Indicators/GERD as a percentage of GDP（10 Jan 2018）．

図終-1　主要国の研究開発費総額対 GDP 比の推移

③中国（4万3168件）である（図終-4(a)）．

これを企業別にみると，図終-4(b)に掲げるように，興味深い事実が浮き彫りになる．2016年の上位2社は，中国通信設備大手のZTE（中興通訊）とファーウェイ（華為技術）が占めた．さらに第8位には，液晶パネル大手のBOE（京東方科技集団）が入っている．日本は，第4位の三菱電機，第10位のソニーの2社である．韓国は，第5位にLGが，第9位にサムスン電子がランクインしている．全体としてみると，米国の優位は揺るがないが，個別企業レベルでは，中国勢の存在感が増している．

このように，製品開発の前提となる先行開発や要素技術に関する中国・韓国の追い上げは顕著である．日本企業は，こうした国際環境の中での厳しい戦いを余儀なくされている．このことは日本にとって，もはや「所与の現実」である．この現実を，たとえば，政府の経済政策や成長戦略のみによって覆すことは困難だと思われる．結局，日本は，自らの保有資源を基に，強みを活かし，弱さを克服する方向を模索するしかないと

終章　日本は，日本企業はどうすべきなのか——181

(a) 日本

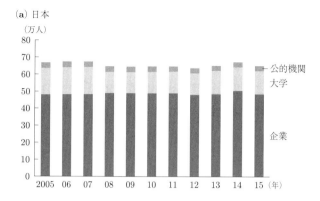

(b) 韓国

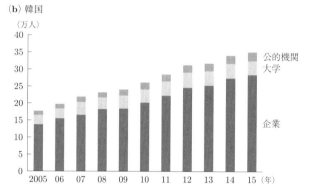

(c) 中国

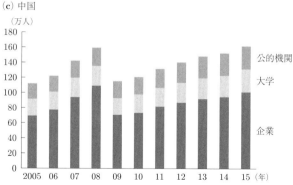

注）中国の2008年以前のデータはOECD基準に合致しておらず，2009年に系列変更している．
出所）OECD Main Sciene and Technology Indicators/ 合計：Total Researchers（FTE）/ 企業：Business Enterprise Researches（FTE）/ 大学：Higher Education Researchers（FTE）/ 公的機関：Government Researchers（FTE）(10 Jan 2018).

図終-2　研究主体別研究者数の推移(フルタイム換算)

(a) 出願国籍別出願件数(各国特許庁への直接出願)　(b) 出願国籍別出願件数(PCT 出願含む)

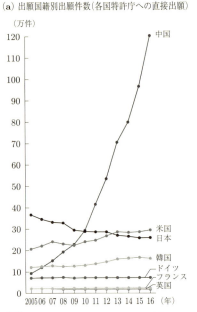
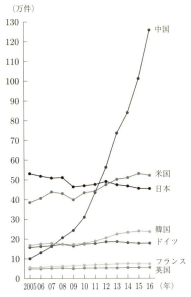

出所）WIPO IP statistics data center/ Patent, Direct applications/Total count by applicants' origin (equivalent count)(Dec 2017).

出所）WIPO IP statistics data center/ Patent, Total patent applications (direct and PCT national phase entries)/Total count by applicants' origin (Dec 2017).

図終-3　主要国の出願人国籍別特許出願件数

いってよい．

2　日本の強み

本書で明らかとなった製品開発における日本の強みは，以下の3つである．

第1に，製品アーキテクチャ(インテグラル型とモジュラー型)と人材マネジメント(長期志向と短期志向)との間の補完性が日本で明確にみられたことである．この結果は，日本では「インテグラル型アーキテクチャと長期志向の人材マネジメント」のみが支配的なわけではなく，その逆である「モジュラー型アーキテクチャと短期志向の人材マネジメント」との組み合わせも十分に存立可能であることを示唆する．しばしば，日本の優位性はイ

(a) 出願人国籍別 PCT 出願件数

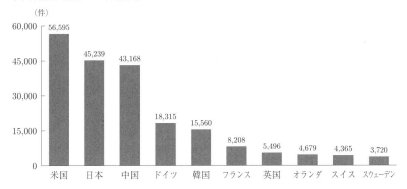

(b) PCT 特許出願トップ 10 企業

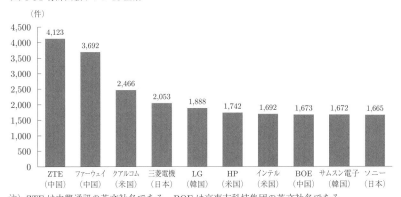

注) ZTE は中興通訊の英文社名である．BOE は京東方科技集団の英文社名である．
出 所) WIPO「Who filed the most PCT patent applications in 2016?」http://www.wipo.int/export/sites/www/ipstats/en/docs/infographics_systems_2016.pdf 及び「Who filed the most PCT patent applications in 2015?」http://www.wipo.int/export/sites/www/ipstats/en/docs/infographics_systems_2015.pdf

図終-4　世界の PCT 特許出願の動向(2016 年)

ンテグラル型の開発にあるといわれる．だが，適切な人材マネジメントのあり方と組み合わせるなら，モジュラー型も等しく優位なのである．こうした補完関係は，日本企業が経済発展と国際競争の中で試行錯誤の末に自主的かつ内発的に獲得したものとみられる(第 2 章)．また，製品アーキテクチャの選択とエンジニアのコーディネーション能力とのトレードオフ関係を日本企業はよく理解している(第 1 章)．

　第 2 に，自らの担当内で問題が発生したとき，3 か国の中で，日本のエ

ンジニアは,現場レベルで,上司の指示を仰ぐことなく自主的に解決を行っている.また,自らの担当外で問題が発生したときにも,日本のエンジニアが最も積極的に解決に協力している.調査結果データの計量分析によれば,担当業務外で発生した問題を能動的に解決する度合が高いほど,組織の開発成果が有意に高まる.これは,中韓両国よりも能動性が高い日本の強みを示唆する分析結果である.こうした日本の能動性の高さという「無形資産」は,仕事プロセスを重視する人事評価などによって促進されている面がある.したがって,能動性の発揮を妨げるような人事施策や開発管理手法を不用意に採用すべきではない(第3章).

第3に,日本企業では,上流工程から下流工程まで一貫して製品開発エンジニアが実質的に主導する割合が高かった.これは,工程ごとに主導者が異なるという回答が多い中国・韓国企業とは顕著に異なる特徴である.こうした日本の方式は,開発工程をまたがったコーディネーションに有利であると考えられる.とりわけ,こうした調整作業がより多く必要になると考えられるインテグラル型製品の場合,同一の主導者が一貫して開発全工程を主導する開発スタイルは有効である.したがって,日本企業がインテグラル型アーキテクチャを採る場合には,この開発スタイルは適合的といえる(第4章).

3　日本の弱み

しかしながら,コインの表には裏がある.

第1に,製品開発エンジニアが一貫して開発工程を主導する日本企業の開発スタイルは,負の側面をもっている.最上流3工程(製品のアイデア出し・検討・絞り込み)の実質的主導者に,マーケティングもしくは営業の職務経験がないとする日本企業の回答割合は,中国・韓国企業を大きく上回っており,最上流工程に市場ニーズの情報が入りにくい構造になっている.つまり,こうした開発スタイルは,一方では複数工程のコーディネーションにおける強みを発揮すると同時に,他方では市場ニーズの取り込みにおける弱みをも生み出している.

第2に，市場ニーズの取り込みにおける日本の弱みは，次の点にも見出すことができる．すなわち，最上流工程を主に担当する製品企画担当者について，日本企業では経営企画よりも技術者に近いという回答が，中国・韓国企業に比べて多く，なおかつ，製品企画担当者がマーケティングも担っているという回答が相対的に多かったという点である．これに対し，中国・韓国企業では，製品企画担当者とマーケティング担当者とが明確な分業関係にあるという回答が多かった．

言葉を換えれば，日本企業では，技術者に近い製品企画担当者が，マーケティング機能をも担っている．このように，マーケティングに専門特化した人材ではなく，技術志向が強い人材がマーケティング活動を行う日本企業においては，市場ニーズの情報を最上流工程に有効に取り込む方法を考えることが大きな課題である．加えて，製品企画担当者が経営企画に近いとする回答が日本企業で最低であったことは，経営戦略・製品戦略によって方向づけられていない新製品開発が行われかねない危険性を如実に示す．

以上のように，市場ニーズの情報の取り込みが弱く，また戦略によって明確に方向づけられない新製品開発が行われる危険性があるという問題は，単なる意識や思考方法の結果ではない．そうではなくて，エンジニアのキャリアパスをいかに設計するか，各工程の主導者をいかに選抜するか，という人材マネジメントのあり方に直結する，かなり根の深い問題である．この問題は次節で掘り下げる．

4　日本はどうすべきなのか

このようにみてくると，日本企業の抱える問題の少なからぬ部分は，上流工程管理にあるといえよう．日本企業は「いかに開発し，製造するか」の調整において強い．だが，「何を開発すべきか」の発想において弱い．これが，高品質だが必ずしも顧客の真の求めを満たさない製品を生み出す要因であろう．

この問題の解決のためには，何がなされるべきか．まず，上流工程から

下流工程まで一貫して製品開発エンジニアが主導する現在のスタイルの見直しが必要である．次に，この見直しに際しては，上流工程において，マーケティング担当者と製品開発エンジニアとの協働を可能とする組織デザインへの変更も伴うべきであろう．

しかしながら，その実現は容易ではない．なぜなら，それは，①文系・理系別の新卒一括採用と職務配置，および②職能部門を超えない範囲内での人事異動とキャリア形成，という日本企業の人材マネジメントのあり方と不可分だからである．

このため，上流工程管理の改革は日本の人材マネジメントに変更を迫るものにならざるを得ない．すなわち，第1に，採用後配置での，文系人材と理系人材との相互交流の強化が必要となる．もちろん，単なる交流では意味がない．企業としてどのような知識が共有されるべきかを見据えた「文理融合」が必要である．第2に，より長期的には，市場および技術に関する知識の獲得を企図した異動やキャリア形成への変更が必要である．しかも，それは，明確な経営戦略から導き出されたものでなければならない．

こうした改革の目的は，端的にいえば「世界市場の動向がわかる」製品開発エンジニアと，「先端技術知識をもつ」マーケティング担当者を生み出すことにある．この両者の協働こそが改革の鍵を握る．また，上流工程と下流工程との円滑な組織的コーディネーションを維持することも，改革の前提条件である．

とはいえ，この改革には時間を要する．もちろん，欧米型の，または中国・韓国流の，マーケティングと製品開発との明確な分業原理を日本企業が採用すれば，より素早い対応が可能となろう．そして，大胆な中途採用により，必要な人材は確保できるかもしれない．

けれども，そうした分業原理の導入は，職務主義(仕事の定義と境界の明確化)を必然的に伴うから，先に「日本の強み」として挙げたエンジニア間の協力行動を阻害するものとなろう．また，そもそも，「世界市場の動向がわかる」製品開発エンジニアと「先端技術知識がわかる」マーケティング担当者を外部労働市場で調達することは困難である可能性が高い．

つまり，日本企業にとっては，make or buy（作るか買うか）問題において，buy の選択肢と範囲は，かなり限定的とみるのが現実的であろう．

その際，重要な示唆を与えるのが，第 6 章「企業内コミュニケーション・ネットワークが生産性に及ぼす効果」での知見である．すなわち，知識交換の結節点となる「媒介中心性」の増大は組織の生産性を高めるという発見がそれである．その分析対象は製品開発職場ではなかったが，この発見は製品開発にも十分に応用可能である．つまり，情報共有のハブの役割を果たす媒介中心的なキーパーソンの育成も鍵を握ると考えられる．

日本企業はどうすべきなのか．終章のこの問いに実務的な解とツールを与えることは容易ではない．だが，本書の分析から大きな方向性は明らかであろう．結局のところ，市場ニーズに応える製品の開発能力を再構築するためには，上流工程を改革し，それと補完的に人材マネジメントを変更する．つまりは，企業内部では，市場も技術もわかる「人を育てる」，知識交換のハブとなる「人を育てる」，コミュニケーションのとりやすい，風通しのよい組織デザインに変える．これが，わたくしの現時点での回答である．

もちろん，こうした変化に伴い，高等教育の重要性はますます高まり，そのあり方も変わらなければならないであろう．現在の高等教育改革の方向は，実学化のようにみえる．しかしながら，その方向は，本書で析出してきた日本企業の取るべき針路を外れている．専門分野を深く究めること（アリストテレスのいう「テクネー」）に加えて，幅広い教養（同じく「エピステーメ」）と豊かなコミュニケーション能力を醸成することが決定的に重要である──これが終章を閉じるに当たっての本書のメッセージである．「すべて現状のままであって欲しいからこそ，すべてが変る必要がある」（トマージ・ディ・ランペドゥーサ作『山猫』小林惺訳，岩波文庫，2008 年，41 頁）．

あ と が き

　この著作の端緒となった研究のアイデアを着想したのは，一橋大学「東アジア政策研究プロジェクト」(2008～10年度)の準備過程においてであった．研究が進むにつれて，本書のタイトルともなっている「製品アーキテクチャ」と「人材マネジメント」とを統合する視点から分析することが有効であると気づいた．また，製品アーキテクチャが決定された後の開発の下流工程のみの分析では不十分であり，製品のアイデアやコンセプトを創出・策定する上流工程の分析も不可欠だと考えるようになった．幸いにして，共同研究は順調に進捗し，プロジェクトの区切りごとに発表した論文が本書のベースとなっている．

　本書の各章の初出は以下の通りである．

序　章　製品アーキテクチャと人材マネジメントをなぜ問題にするか(書き下ろし)

第1章　"Product Architecture and Intra-Firm Coordination: Theory and Evidence"(Hodaka Morita, Kenatro Nakajima, and Tsuyoshi Tsuru) 一橋大学経済研究所 DP A No. 659, 2017年5月

第2章　「製品アーキテクチャと人材マネジメント——企業アンケート調査に基づく日中韓比較」(都留康・中島賢太郎) 都留康・守島基博編著『世界の工場から世界の開発拠点へ——製品開発と人材マネジメントの日中韓比較』第7章，東洋経済新報社，2012年

第3章　「製品開発プロセスにおける問題発生と解決行動——エンジニア個人レベルでの日中韓比較(都留康・徳丸宜穂・中島賢太郎・福澤光啓)

『経済研究』第65巻第4号，2014年10月

第4章 「製品開発におけるアイデア創出，コンセプト策定，および人材マネジメント――日中韓比較」(都留康・德丸宜穂・中島賢太郎・福澤光啓) 一橋大学経済研究所 DP A No. 653, 2016年12月

第5章 「製品開発における上流工程管理と人材マネジメント――開発成果に対する効果の検証」(都留康・德丸宜穂・福澤光啓・中島賢太郎)『経済研究』第69巻第1号，2018年1月

第6章 「企業内コミュニケーション・ネットワークが生産性に及ぼす影響――ウェアラブルセンサを用いた定量的評価」(中島賢太郎・上原克仁・都留康)『経済研究』第69巻第1号，2018年1月

終　章　日本は，日本企業はどうすべきなのか(書き下ろし)

　以上のように，本書の各章は，共同研究者たちの努力の賜である．データを整理・分析し，論文の完成度を高める地道な作業をともにして，それらの共著論文をひとつの本にまとめることをご快諾くださった，森田穂高(University of New South Wales(前職)，一橋大学(現職))，中島賢太郎(一橋大学)，德丸宜穂(名古屋工業大学)，福澤光啓(成蹊大学)，上原克仁(静岡県立大学)の諸氏に，まずお礼を申し上げなければならない．

　先に掲げた論文の共著者ではないけれども，「東アジア政策研究プロジェクト」の共同代表を務めてくださった守島基博氏(一橋大学(前職)，学習院大学(現職))，ならびに「東アジア政策研究プロジェクト」終了後も引き続き2つの科学研究費補助金等に基づくプロジェクトに研究分担者として参画し，日本・中国・韓国企業の聞き取り調査および質問紙調査の苦楽をともにしてくださった馬駿(富山大学)，尹諒重(福岡工業大学)，西野史子(一橋大学)の諸氏にも心から感謝したい．

　また，前掲の『世界の工場から世界の開発拠点へ――製品開発と人材マ

ネジメントの日中韓比較』への藤本隆宏氏(東京大学)ならびに河野英子氏(横浜国立大学)の書評(それぞれ『経済研究』第65巻第2号,2014年4月,『日本労働研究雑誌』No. 637, 2013年8月に掲載)は,わたくしにとって,研究の方向性を見定める上で,きわめて示唆的であった.

なお,本書の第2章は,前掲書『世界の工場から世界の開発拠点へ──製品開発と人材マネジメントの日中韓比較』第7章に加筆修正をほどこしたものである.転載を許可してくださった東洋経済新報社に深謝の意を表する.

ところで,本を編むという作業は,個別論文を書く作業とは大いに異なる.私見によれば,本が論文と異なるのは,第1に各章を貫く骨太のストーリーが必要となること,第2に研究者以外の読者を想定した論述のわかりやすさが重要であること,である.このため,序章から終章までを通読した上での本作りのためのコメントが,わたくしには不可欠であった.膨大な時間を割いてコメントの労を執ってくださった,杉山裕(大阪経済法科大学),福澤光啓の両氏にお礼を申し上げたい.ただし,本としての出来・不出来やありうべき誤りの責任は,いうまでもないことだが,すべてわたくしに属する.

本書のような独自に収集したデータを用いる実証研究には,莫大な研究資金が必要となる.幸いにして,以下の団体から研究費をいただくことができた.日本学術振興会・科学研究費補助金・基盤研究(B)(2010~12年度,課題番号22402020,および2014~17年度,課題番号26301019)ならびに基盤研究(C)(2017年度,課題番号17K03676),日本証券奨学財団(2010年度および16年度),大川情報通信基金(2010年度),平和中島財団(2012年度),サントリー文化財団(2013年度),カシオ科学振興財団(2016年度),である.衷心よりお礼申し上げる.

本書のような実証研究には,実務家の助言もまた不可欠である.研究の構想から調査の実施に至るまで,全般的なご助言を,飯島健太郎氏(株式会社富士通マーケティング(前職),横浜国立大学(現職))からいただいた.また,調査票の設計に際して,電気機器メーカーで製品開発の実務と海外の開発拠点での勤務経験をおもちの山梨素明,山本剛の両氏からきわめて適

切なコメントをいただいた．このコメントのおかげで，調査票の論旨と言葉遣いは格段に改善された．

　この研究を進めるに当たり，一橋大学の先輩・同僚の先生方や職員の方々から多くの助言と助力を受けた．一橋大学経済研究所の場合，『経済研究』掲載論文は定例研究会での報告が義務づけられていて，ほとんどすべての同僚から有益なコメントをいただいた．このため，残念ながら，個々のお名前を挙げることはできない．だが，「経済研究叢書」としての本書を書くに当たっては，現叢書委員である阿部修人氏，元叢書委員であった岩﨑一郎氏にいただいた助言は有益であったことは書き留めておきたい．

　また，経済研究所の総務係，資料情報係，学術出版室，秘書室，大規模データ分析支援室からは手厚い研究支援を受けた．さらに，都留研究室の西山庸子氏は，本書の入稿から校正までの根気のいる作業を注意深くサポートしてくださった．記して感謝したい．

　最後に，岩波書店の髙橋弘氏および居郷英司氏の懇切丁寧な編集作業がなければ，本書の「インテグラル度」ははるかに低いものだったであろう．このお二人には，そのご尽力に見合う感謝の言葉を見出すことさえできない．

　個人的な感慨になるけれども，わたくしが初めて著名な学術雑誌に論文を発表する機会に恵まれたのは，大学院生のときの『思想』においてであった．投稿後，何度も岩波書店にうかがい，当時の編集長からコメントや激励をいただきながら論文を彫琢した．今回も岩波書店から本を上梓するに当たり，まるで26歳のときの自分に戻ったかのように，月に1回，神保町を訪ねた．そして，髙橋弘氏からコメントや激励をいただきながら，ようやく本書の完成に漕ぎ着けることができた．本当にありがとうございました．

　　2018年1月

　　　　　　　　　　　　　　　　　　　　　　　都　留　　康

参 考 文 献

外国語文献

Ahmad, Sohel, Mallick, Debasish N., and Schroeder, Roger G. (2013) "New Product Development: Impact of Project Characteristics and Development Practices on Performance," *Journal of Product Innovation Management*, Vol. 30, No. 2, pp. 331-348.

Ahuja, Manju K., Galletta, Dennis F., and Carley, Kathleen M. (2003) "Individual Centrality and Performance in Virtual R&D Groups: An Empirical Study," *Management Science*, Vol. 49, No. 1, pp. 21-38.

Allen, Thomas J. (1977) *Managing the Flow of Technology*, Cambridge, MA: MIT Press.

Atuahene-Gima, Kwaku (2003) "The Effects of Centrifugal and Centripetal Forces on Product Development Speed and Quality: How does Problem Solving Matter?" *Academy of Management Journal*, Vol. 46, No. 3, pp. 359-373.

Atuahene-Gima, Kwaku, Slater, Stanley F., and Olson, Eric M. (2005) "The Contingent Value of Responsive and Proactive Market Orientations for New Product Program Performance," *Journal of Product Innovation Management*, Vol. 22, Issue 6, pp. 464-482.

Baldwin, Carliss Y. and Clark, Kim B. (2000) *Design Rules*, Cambridge, MA: MIT Press（安藤晴彦訳『デザイン・ルール――モジュール化パワー』東洋経済新報社，2004 年）.

Baldwin, Carliss Y., MacCormack, Alan, and Rusnak, John (2014) "Hidden Structure: Using Network Methods to Map System Architecture," *Research Policy*, Vol. 43, No. 8, pp. 1381-1397.

Baldwin, Timothy T., Bedell, Michael D., and Johnson, Jonathan L. (1997) "The Social Fabric of a Team-based M.B.A. Program: Network Effects on Student Satisfaction and Performance," *Academy of Management*, Vol. 40, No. 6, pp. 1369-1397.

Barney, Jay B. (2002) *Gaining and Sustaining Competitive Advantage*, Upper Saddle River, NJ: Prentice Hall.

Bowles, Samuel (2016) *The Moral Economy: Why Good Incentives Are No Substitute for Good Citizens*, New Haven and London: Yale University Press（植村博恭・磯谷明徳・遠山弘徳訳『モラル・エコノミー――インセンティブか善き市民か』NTT 出版，2017 年）.

Bowles, Samuel and Polania-Reyes, Sandra (2012) "Economic Incentives and Social Preferences: Substitutes or Complements?" *Journal of Economic Literature*, Vol. 50, Issue 2, pp. 368-425.

Brass, Daniel J. (1981) "Structural Relationships, Job Characteristics, and Worker Satisfaction and Performance," *Administrative Science Quarterly*, Vol. 26, No. 3, pp. 331-348.

Brass, Daniel J. (1984) "Being in the Right Place: A Structural Analysis of

Individual Influence in an Organization," *Administrative Science Quarterly*, Vol. 29, No. 4 pp. 518-539.

Brown, Shona L. and Eisenhardt, Kathleen M. (1995) "Product Development: Past Research, Present Findings, and Future Directions," *Academy of Management Review*, Vol. 20, Issue 2, pp. 343-378.

Brusoni, Stefano, Prencipe, Andrea, and Pavitt, Keith (2001) "Knowledge Specialization, Organizational Coupling, and the Boundaries of the Firm: Why Do Firms Know More Than They Make?" *Administrative Science Quarterly*, Vol. 46, No. 4, pp. 597-621.

Bulkley, Nathaniel and Van Alstyne, Marshall (2006) "An Empirical Analysis of Strategies and Efficiencies in Social Networks," MIT Sloan Research Paper, No. 4682-08.

Burt, Ronald S. (2004) "Structural Holes and Good Ideas," *American Journal of Sociology*, Vol. 110, No. 2, pp. 349-399.

Cabigiosu, Anna and Camuffo, Arnaldo (2012) "Beyond the 'Mirroring' Hypothesis: Product Modularity and Interorganizational Relations in the Air Conditioning Industry," *Organization Science*, Vol. 23, No. 3, pp. 686-703.

Cabigiosu, Anna, Zirpoli, Francesco, and Camuffo, Arnaldo (2013) "Modularity, Interfaces Definition and the Integration of External Sources of Innovation in the Automotive Industry," *Research Policy*, Vol. 42, No. 3, pp. 662-675.

Chaffin, Daniel, Heidl, Ralph, Hollenbeck, John R., Howe, Michael, Yu, Andrew, Voorhees, Clay, and Calantone, Roger (2017) "The Promise and Perils of Wearable Sensors in Organizational Research," *Organizational Research Methods*, Vol. 20, Issue 1, pp. 3-31.

Chesbrough, Henry W. (2003) *Open Innovation: The New Imperative for Creating and Profiting from Technology*, Boston, MA: Harvard Business School Press（大前恵一朗訳『OPEN INNOVATION――ハーバード流イノベーション戦略のすべて』産能大出版部，2004年）.

Chesbrough, Henry W., Vanhaverbeke, Wim, and West, Joel, eds. (2006) *Open Innovation: Researching a New Paradigm*, Oxford: Oxford University Press（PRTM監訳・長尾高弘訳『オープンイノベーション――組織を越えたネットワークが成長を加速する』英治出版，2008年）.

Chow, Irene H., Huang, Jia-Chi C., and Liu, Shanshi (2008) "Strategic HRM in China: Configurations and Competitive Advantage," *Human Resource Management*, Vol. 47, Issue 4, pp. 687-706.

Clark, Kim B. and Fujimoto, Takahiro (1990) "The Power of Product Integrity," *Harvard Business Review*, Vol. 68, No. 6, pp. 107-118.

Clark, Kim B. and Fujimoto, Takahiro (1991) *Product Development Performance: Strategy, Organization, and Management in the World Auto Industry*, Boston, MA: Harvard Business School Press（田村明比古訳『製品開発力――自動車産業の「組織能力」と「競争力」の研究』増補版，ダイヤモンド社，2009年）.

Cohen, Arthur M. (1961) "Changing Small Group Communication Networks,"

Journal of Communication, Vol. 11, Issue 3, pp. 116-124.

Cohen, Wesley M. and Levinthal, Daniel A. (1989) "Innovation and Learning: The Two Faces of R&D," *Economic Journal*, Vol. 99, Issue 397, pp. 569-596.

Cohen, Wesley M. and Levinthal, Daniel A. (1990) "Absorptive Capacity: A New Perspective on Learning and Innovation," *Administrative Science Quarterly*, Vol. 35, Issue 1, pp. 128-152.

Cross, Rob and Cummings, Jonathon N. (2004) "Tie and Network Correlates of Individual Performance in Knowledge Intensive Work," *Academy of Management Journal*, Vol. 47, No. 6, pp. 928-937.

Davila, Antonio (2003) "Short-term Economic Incentives in New Product Development," *Research Policy*, Vol. 32, Issue 8, pp. 1397-1420.

De Luca, Luigi M., Verona, Gianmario, and Vicari, Salvio (2010) "Market Orientation and R&D Effectiveness in High-Technology Firms: An Empirical Investigation in the Biotechnology Industry," *Journal of Product Innovation Management*, Vol. 27, Issue 3, pp. 299-320.

DeChurch, Leslie A. and Mesmer-Magnus, Jessica R. (2010) "Measuring Shared Team Mental Models: A Meta-Analysis," *Group Dynamics: Theory, Research, and Practice*, Vol. 14, No. 1, pp. 1-14.

Denison, Daniel R., Hart, Stuart L., and Kahn, Joel A. (1996) "From Chimneys to Cross-Functional Teams: Developing and Validating a Diagnostic Model," *Academy of Management Journal*, Vol. 39, No. 4, pp. 1005-1023.

Doeringer, Peter B. and Piore, Michael J. (1971) *Internal Labor Markets and Manpower Analysis*, Lexington, MA: D. C. Heath and Company（梅谷俊一郎訳『内部労働市場とマンパワー分析』早稲田大学出版部，2007年）.

Eisenhardt, Kathleen M. and Tabrizi, Behnam N. (1995) "Accelerating Adaptive Processes: Product Innovation in the Global Computer Industry," *Administrative Science Quarterly*, Vol. 40, Issue 1, pp. 84-110.

Eppinger, Steven D. and Browning, Tyson R. (2012) *Design Structure Matrix Methods and Applications*, Engineering Systems, Cambridge, MA: MIT Press.

Festinger, Leon (1957) *A Theory of Cognitive Dissonance*, Stanford, CA: Stanford University Press（末長俊郎訳『認知的不協和の理論——社会心理学序説』誠信書房，1965年）.

Fine, Charles H. (1998) *Clock Speed: Winning Industry Control in the Age of Temporary Advantage*, Cambridge, MA: Perseus Books.

Fixson, Sebastian K. (2005) "Product Architecture Assessment: A Tool to Link Product, Process, and Supply Chain Design Decisions," *Journal of Operations Management*, Vol. 23, No. 3-4, pp. 345-369.

Floren, Henrik and Frishammar, Johan (2012) "From Preliminary Ideas to Corroborated Product Definitions: Managing the Front End of New Product Development," *California Management Review*, Vol. 54, Issue 4, pp. 20-43.

Foss, Nicolai J., Laursen, Keld, and Pedersen, Torben (2011) "Linking Customer Interaction and Innovation: The Mediating Role of New Organizational Practices," *Organization Science*, Vol. 22, Issue 4, pp. 980-999.

Frey, Bruno S. (1998) *Not Just For the Money: An Economic Theory of Personal Motivation*, Cheltenham: Edward Elgar.

Furlan, Andrea, Cabigiosu, Anna, and Camuffo, Arnaldo (2014) "When the Mirror Gets Misted up: Modularity and Technological Change," *Strategic Management Journal*, Vol. 35, No. 6, pp. 789-807.

Gawer, Annabelle and Cusumano, Michael A. (2002) *Platform Leadership: How Intel, Microsoft, and Cisco Drive Industry Innovation*, Boston, MA: Harvard Business School Press（小林敏男監訳『プラットフォーム・リーダーシップ——イノベーションを導く新しい経営戦略』有斐閣, 2005年).

Girotra, Karan, Terwiesch, Christian, and Ulrich, Karl T. (2010) "Idea Generation and the Quality of the Best Idea," *Management Science*, Vol. 56, Issue 4, pp. 591-605.

Glückler, Johannes and Schrott, Gregor (2007) "Leadership and Performance in Virtual Teams: Exploring Brokerage in Electronic Communication," *International Journal of E-Collaboration*, Vol. 3, Issue 3, pp. 31-52.

Gokpinar, Bilal, Hopp, Wallace J., and Iravani, Seyed M. R. (2010) "The Impact of Misalignment of Organizational Structure and Product Architecture on Quality in Complex Product Development," *Management Science*, Vol. 56, No. 3, pp. 468-484.

Grant, Robert M. (1991) *Contemporary Strategy Analysis: Concepts, Techniques, Applications*, Cambridge, MA: Basil Blackwell.

Guetzkow, Harold and Simon, Herbert A. (1955) "The Impact of Certain Communication Nets upon Organization and Performance in Task-oriented Groups," *Management Science*, Vol. 1, Issues 3-4, pp. 233-250.

Harvey, Jean-Francois, Cohendet, Patorick, Simon, Laurent, and Borzillo, Stefano (2015) "Knowing Communities in the Front End of Innovation," *Research-Technology Management*, Vol. 58, Issue 1, pp. 46-54.

Henderson, Rebecca M. and Clark, Kim B. (1990) "Architectural Innovation: The Reconfiguration of Existing Product Technologies and the Failure of Established Firms," *Administrative Science Quarterly*, Vol. 35, No. 1, pp. 9-30.

Henttonen, Kaisa (2010) "Exploring Social Networks on the Team Level? A Review of the Empirical Literature," *Journal of Engineering and Technology Management*, Vol. 27, Issues 1-2, pp. 74-109.

Hoetker, Glenn (2006) "Do Modular Products Lead to Modular Organizations?" *Strategic Management Journal*, Vol. 27, No. 6, pp. 501-518.

Homans, George C. (1951) *The Human Group*, London: Routledge and Kegan Paul.

Iansiti, Marco (1998) *Technology Integration: Making Critical Choices in a Dynamic World*, Boston, MA: Harvard Business School Press.

Ichniowski, Casey and Shaw, Kathryn (2009) "Connective Capital as Social Capital: The Value of Problem-Solving Networks for Team Players in Firms," NBER Working Paper, No. 15619.

Joshi, Ashwin W. (2015) "When Does Customer Orientation Hinder (Help) Radical Product Innovation? The Role of Organizational Rewards," *Journal of Product Innovation Management*, Vol. 33, Issue 4, pp. 435-454.

Khurana, Anil and Rosenthal, Stephen R. (1998) "Towards Holistic 'Front Ends' in New Product Development," *Journal of Product Innovation Management*, Vol. 15, Issue 1, pp. 57-74.

Kim, Jongbae and Wilemon, David (2002) "Focusing Fuzzy Front-end in New Product Development," *R&D Management*, Vol. 32, Issue 4, pp. 269-279.

Kim, Taemie, McFee, Erin, Olguín Olguín, Daniel, Waber, Ben, and Pentland, Alex "Sandy" (2012) "Sociometric Badges: Using Sensor Technology to Capture New Forms of Collaboration," *Journal of Organizational Behavior*, Vol. 33, Issue 3, pp. 412-427.

Kock, Alexander, Heising, Wilderich, and Gemunden, Hans G. (2015) "How Ideation Portfolio Management Influences Front-end Success," *Journal of Product Innovation Management*, Vol. 32, Issue 4, pp. 539-555.

Koen, Peter A., Bertels, Heidi M. J., and Kleinschmidt, Elko J. (2014) "Managing the Front End of Innovation-Part I," *Research Technology Management*, Vol. 57, Issue 2, pp. 34-44.

Krishnan, Viswanathan and Ulrich, Karl (2001) "Product Development Decisions: A Review of the Literature," *Management Science*, Vol. 47, Issue 1, pp. 1-21.

Langlois, Richard N. and Robertson, Paul L. (1992) "Networks and Innovation in a Modular System: Lessons from the Microcomputer and Stereo Component Industries," *Research Policy*, Vol. 21, Issue 4, pp. 297-313.

Laursen, Keld A. and Salter, Ammon (2006) "Open for Innovation: The Role of Openness in Explaining Innovative Performance among UK Manufacturing Firms," *Strategic Management Journal*, Vol. 27, Issue 2, pp. 131-150.

Leavitt, Harold J. (1951) "Some Effects of Certain Communication Patterns on Group Performance," *The Journal of Abnormal and Social Psychology*, Vol. 46, Issue 1, pp. 38-50.

MacCormack, Alan, Baldwin, Carliss Y., and Rusnak, John (2012) "Exploring the Duality between Product and Organizational Architectures: A Test of the 'Mirroring' Hypothesis," *Research Policy*, Vol. 41, No. 8, pp. 1309-1324.

Markham, Stephen K. (2013) "The Impact of Front-end Innovation Activities on Product Performance," *Journal of Product Innovation Management*, Vol. 30, Issue S1, pp. 77-92.

Martinsuo, Miia and Poskela, Jarno (2011) "Use of Evaluation Criteria and Innovation Performance in the Front End of Innovation," *Journal of Product Innovation Management*, Vol. 28, Issue 6, pp. 896-914.

McDonough, Edward F. and Barczak, Gloria (1992) "The Effects of Cognitive Problem-solving Orientation and Technological Familiarity on Faster New Product Development," *Journal of Product Innovation Management*, Vol.

9, No. 1, pp. 44-52.

Mehra, Ajay, Kilduff, Martin, and Brass, Daniel (2001) "The Social Networks of High and Low Self-Monitors: Implications for Workplace Performance," *Administrative Science Quarterly*, Vol. 46, Issue 1, pp. 121-146.

Mihm, Jurgen, Loch, Christoph, and Huchzermeier, Arnd (2003) "Problem-solving Oscillations in Complex Engineering Projects," *Management Science*, Vol. 49, No. 6, pp. 733-750.

Milgrom, Paul and Roberts, John (1992) *Economics, Organization and Management*, Englewood Cliffs, NJ: Prentice-Hall（奥野正寛・伊藤秀史・今井晴雄・西村理・八木甫訳『組織の経済学』NTT出版, 1997年).

Morita, Hodaka (2001) "Choice of Technology and Labour Market Consequences: An Explanation of U.S.-Japanese Differences," *Economic Journal*, Vol. 111, Issue 468, pp. 29-50.

Murphy, Stephen A. and Kumar, Vinod (1997) "The Front End of New Product Development: A Canadian Survey," *R&D Management*, Vol. 27, Issue 1, pp. 5-15.

Olguín Olguín, Daniel, Waber, Benjamin N., Kim, Taemie, Mohan, Akshay, Ara, Koji, and Pentland, Alex (2009) "Sensible Organizations: Technology and Methodology for Automatically Measuring Organizational Behavior," *IEEE Transactions on Systems, Man, and Cybernetics Part B: Cybernetics*, Vol. 39, No. 1, pp. 43-55.

Polanyi, Michael (1966) *The Tacit Dimension*, Chicago, IL: The University of Chicago Press（高橋勇夫訳『暗黙知の次元』ちくま学芸文庫, 2003年).

Roberts, John (2004) *The Modern Firm: Organizational Design for Performance and Growth*, Oxford: Oxford University Press（谷口和広訳『現代企業の組織デザイン——戦略経営の経済学』NTT出版, 2005年).

Sanchez, Ron and Mahoney, Joseph T. (1996) "Modularity, Flexibility, and Knowledge Management in Product and Organization Design," *Strategic Management Journal*, Vol. 17, Special Issue, pp. 63-76.

Sarin, Shikhar and Mahajan, Vijay (2001) "The Effect of Reward Structures on the Performance of Cross-functional Product Development Teams," *Journal of Marketing*, Vol. 65, No. 2, pp. 35-53.

Schilling, Melissa A. (2000) "Toward a General Modular Systems Theory and its Application to Interfirm Product Modularity," *Academy of Management Review*, Vol. 25, No. 2, pp. 312-334.

Sheremata, Willow A. (2000) "Centrifugal and Centripetal Forces in Radical New Product Development under Time Pressure," *Academy of Management Review*, Vol. 25, No. 2, pp. 389-408.

Simon, Herbert (1969) *The Sciences of the Artificial*, Cambridge, MA: MIT Press（稲葉元吉・吉原英樹訳『システムの科学』第3版, パーソナルメディア, 1999年).

Sivasubramaniam, Nagaraj, Liebowitz, S. Jay, and Lackman, Craig L. (2012) "Determinants of New Product Development Team Performance: A Meta-analytic Review," *Journal of Product Innovation Management*, Vol. 29, Issue 5, pp. 803-820.

Smith, Preston G. and Reinertsen, Donald G. (1991) *Developing Products in Half the Time*, New York, NY: Van Nostrand Reinhold.

Song, Michael and Montoya-Weiss, Mitzi M. (2001) "The Effect of Perceived Technological Uncertainty on Japanese New Product Development," *Academy of Management Journal*, Vol. 44, No. 1, pp. 61-80.

Sosa, Manuel E., Eppinger, Steven D., and Rowles, Craig M. (2003) "Identifying Modular and Integrative Systems and Their Impact on Design Team Interactions," *ASME Journal of Mechanical Design*, Vol. 125, Issue 2, pp. 240-252.

Sosa, Manuel E., Eppinger, Steven D., and Rowles, Craig M. (2004) "The Misalignment of Product Architecture and Organizational Structure in Complex Product Development," *Management Science*, Vol. 50, No. 12, pp. 1674-1689.

Stark, David (2011) *The Sense of Dissonance: Accounts of Worth in Economic Life*, Princeton, NJ: Princeton University Press（中野勉・中野真澄訳『多様性とイノベーション――価値体系のマネジメントと組織のネットワーク・ダイナミズム』日本経済新聞出版社，2011年）.

Stock, Ruth M., Totzauer, Florian, and Zacharias, Nicholas A. (2014) "A Closer Look at Cross-Functional R&D Cooperation for Innovativeness: Innovation-oriented Leadership and Human Resource Practices as Driving Forces," *Journal of Product Innovation Management*, Vol. 31, Issue 5, pp. 924-938.

Troy, Lisa C., Szymanski, David M., and Varadarajan, P. Rajan (2001) "Generating New Product Ideas: An Initial Investigation of the Role of Market Information and Organizational Characteristic," *Journal of the Academy of Marketing Science*, Vol. 29, No. 1, pp. 89-101.

Ulrich, Karl (1995) "The Role of Product Architecture in the Manufacturing Firm," *Research Policy*, Vol. 24, No. 3, pp. 419-440.

Ulrich, Karl T. and Eppinger, Steven D. (2012) *Product Design and Development*, 5th ed., New York, NY: McGraw-Hill.

van den Ende, Jan (2015) "The Front End of Innovation: Organizing Search for Ideas," *Journal of Product Innovation Management*, Vol. 32, Issue 4, pp. 482-487.

Verworn, Birgit (2009) "A Structural Equation Model of Impact of the 'Fuzzy Front End' on the Success of New Product Development," *Research Policy*, Vol. 38, Issue 10, pp. 1571-1581.

Verworn, Birgit, Herstatt, Cornelius, and Nagahira, Akio (2008) "The Fuzzy Front End of Japanese New Product Development Projects: Impact on Success and Differences between Incremental and Radical Project," *R&D Management*, Vol. 38, Issue 1, pp. 1-19.

Volberda, Henk W., Foss, Nicolai J., and Lyles, Marjorie A. (2010) "Absorbing the Concept of Absorptive Capacity: How to Realize Its Potential in the Organization Field," *Organization Science*, Vol. 21, No. 4, pp. 931-951.

Wang, Shuhong H., Yi, Xiang, Lawler, John, and Zhang, Mingrui (2011) "Efficacy of High-performance Work Practices in Chinese Companies,"

International Journal of Human Resource Management, Vol. 22, Issue 11, pp. 2419-2441.

Wasserman, Stanley and Faust, Katherine (1994) *Social Network Analysis: Methods and Applications*, New York, NY: Cambridge University Press.

Wei, Li-Qun and Lau, Chung-Ming (2008) "The Impact of Market Orientation and Strategic HRM on Firm Performance: The Case of Chinese Enterprises," *Journal of International Business Studies*, Vol. 39, Issue 6, pp. 980-995.

Wei, Yinghong Susan and Morgan, Neil A. (2004) "Supportiveness of Organizational Climate, Market Orientation, and New Product Performance in Chinese Firms," *Journal of Product Innovation Management*, Vol. 21, Issue 6, pp. 375-388.

Wei, Yinghong Susan and Atuahene-Gima, Kwaku (2009) "The Moderating Role of Reward Systems in the Relationship between Market Orientation and New Product Performance in China," *International Journal of Research in Marketing*, Vol. 26, Issue 2, pp. 89-96.

Wei, Yinghong Susan, Frankwick, Gary L., and Nguyen, Binh H. (2012) "Should Firms Consider Employee Input in Reward System Design? The Effect of Participation on Market Orientation and New Product Performance," *Journal of Product Innovation Management*, Vol. 29, Issue 4, pp. 546-558.

Zahra, Shaker A. and George, Gerard (2002) "Absorptive Capacity: A Review, Reconceptualization, and Extension," *Academy of Management Review*, Vol. 27, Issue 2, pp. 185-203.

Zhang, Xiaojun and Venkatesh, Viswanath (2013) "Explaining Employee Job Performance: The Role of Online and Offline Workplace Communication Networks," *MIS Quarterly*, Vol. 37, No. 3, pp. 695-722.

Zhang, Yi-Chi and Li, Shu-Ling (2009) "High Performance Work Practices and Firm Performance: Evidence from the Pharmaceutical Industry in China," *International Journal of Human Resource Management*, Vol. 20, Issue 11, pp. 2331-2348.

日本語文献

青島矢一(1997)「新製品開発の視点」『ビジネスレビュー』第45巻第1号,pp. 161-179.

青島矢一・武石彰(2001)「アーキテクチャという考え方」藤本隆宏・武石彰・青島矢一編『ビジネス・アーキテクチャ──製品・組織・プロセスの戦略的設計』有斐閣,pp. 27-70.

古川久敬(1989)「ネットワーク退化と職場集団の硬直」『組織科学』Vol. 23, No. 1, pp. 27-38.

藤本隆宏(1998)「自動車産業の技術系人材形成」『日本労働研究雑誌』第458号,pp. 37-49.

藤本隆宏(2001)「アーキテクチャの産業論」藤本隆宏・武石彰・青島矢一編『ビジネス・アーキテクチャ──製品・組織・プロセスの戦略的設計』有斐閣,pp. 3-26.

藤本隆宏(2003)『能力構築競争――日本の自動車産業はなぜ強いのか』中央公論新社.
藤本隆宏(2004)『日本のもの造り哲学』日本経済新聞社.
藤本隆宏編(2013)『「人工物」複雑化の時代――設計立国日本の産業競争力』有斐閣.
藤本隆宏・安本雅典編著(2000)『成功する製品開発――産業間比較の視点』有斐閣.
藤本隆宏・新宅純二郎編著(2005)『中国製造業のアーキテクチャ分析』東洋経済新報社.
福澤光啓(2008)「製品アーキテクチャの選択プロセス――デジタル複合機におけるファームウェアの開発事例」『組織科学』第41巻第3号, pp. 55-67.
具承桓(2008)『製品アーキテクチャのダイナミズム――モジュール化・知識統合・企業間連携』ミネルヴァ書房.
原田勉(1999)『知識転換の経営学――ナレッジ・インタラクションの構造』東洋経済新報社.
川上智子(2005)『顧客志向の新製品開発――マーケティングと技術のインターフェイス』有斐閣.
貴志奈央子・藤本隆宏(2010)「組織の調整力と製品アーキテクチャの適合性――輸出比率への影響」『経済研究』第61巻第4号, pp. 311-324.
河野英子(2009)『ゲストエンジニア――企業間ネットワーク・人材形成・組織能力の連鎖』白桃書房.
河野英子(2014)「研究開発型企業における社会的支援と成果管理――浜松ホトニクスの事例」『赤門マネジメント・レビュー』第13巻第5号, pp. 179-198.
小池和男(2005)『仕事の経済学』第3版, 東洋経済新報社.
桑嶋健一(2002)「新製品開発研究の変遷」『赤門マネジメント・レビュー』第1巻第6号, pp. 463-496.
楠木建・ヘンリー W. チェスブロウ(2001)「製品アーキテクチャのダイナミック・シフト」藤本隆宏・武石彰・青島矢一編『ビジネス・アーキテクチャ――製品・組織・プロセスの戦略的設計』有斐閣, pp. 263-285.
森脇紀彦・大久保教夫・早川幹・佐藤信夫・福間晋一・矢野和男・小野貴司・妹尾大(2013)「人間行動ビッグデータを活用した店舗業績向上要因の発見」『日本統計学会誌』第43巻第1号, pp. 69-83.
中川功一(2011)『技術革新のマネジメント――製品アーキテクチャによるアプローチ』有斐閣.
延岡健太郎(1996)『マルチプロジェクト戦略――ポストリーンの製品開発マネジメント』有斐閣.
延岡健太郎(2011)『価値づくり経営の論理――日本製造業の生きる道』日本経済新聞出版社.
延岡健太郎・高杉康成(2014)「生産財における真の顧客志向――意味的価値創出のマネジメント」『一橋ビジネスレビュー』第61巻第4号, pp. 16-29.
李炳夏 著・新宅純二郎監修(2012)『サムスンの戦略人事――知られざる競争力の真実』日本経済新聞出版社.
妹尾堅一郎(2009)『技術力で勝る日本が, なぜ事業で負けるのか――画期的な新製品が惨敗する理由』ダイヤモンド社.
田原直美(2014)「職場におけるチーム・コミュニケーションがトランスアクティ

ブメモリーシステム及びチームワークへ及ぼす影響の検討——コミュニケーションネットワークの視点から」『西南学院大学人間科学論集』第 9 巻第 2 号，pp. 149-165.

田原直美・山口裕幸(2017)「職場におけるチーム・コミュニケーションの発達過程とチーム・パフォーマンスとの関連に関する検討」『西南学院大学人間科学論集』第 12 巻第 2 号，pp. 63-74.

武石彰(2003)『分業と競争——競争優位のアウトソーシング・マネジメント』有斐閣.

徳丸宜穂(2012)「携帯電話端末製造企業における製品開発と人材マネジメントの日中韓比較」都留康・守島基博編著『世界の工場から世界の開発拠点へ——製品開発と人材マネジメントの日中韓比較』東洋経済新報社.

都留康・守島基博編著(2012)『世界の工場から世界の開発拠点へ——製品開発と人材マネジメントの日中韓比較』東洋経済新報社.

渡邊純一郎・藤田真理奈・矢野和男・金坂秀雄・長谷川智之(2013)「コールセンタにおける職場の活発度が生産性に与える影響の定量評価」『情報処理学会論文誌』Vol. 54, No. 4, pp. 1470-1479.

山口裕幸(2008)『チームワークの心理学——よりよい集団作りをめざして』サイエンス社.

矢野和男(2014)『データの見えざる手——ウェアラブルセンサが明かす人間・組織・社会の法則』草思社.

安田雪(1997)『ネットワーク分析——何が行為を決定するか』新曜社.

安田雪・鳥山正博(2007)「電子メールログからの企業内コミュニケーション構造の抽出」『組織科学』Vol. 40, No. 3, pp. 18-32.

米倉誠一郎・清水洋編(2015)『オープン・イノベーションのマネジメント——高い経営効果を生む仕組みづくり』有斐閣.

索　引

欧　文

CBC 中国企業リスト　　92, 95
IBM　　91
iPhone　　14
off-JT　　24, 41-43, 46, 52
OJT　　24, 41-43, 143
OS（オペレーティング・システム）
　　159, 160
　――担当　　161
PM　→プロジェクト・マネージャー
QA　　159-161, 164-166
QCD（品質・コスト・納期）　3, 8,
　　81, 130-142, 144, 146, 148
TA（テクニカルアドバイザー）
　　159-162, 164-166

あ　行

アイデア　→製品のアイデア
アップル　　14, 91
暗黙に知っていること（暗黙知）
　　143
1対1対応　　22
印刷ユニット（「エンジン」）　　13
インシデント　　160-162, 170, 172,
　　177
インセンティブ　　144
　――付与　　3, 8, 112, 115, 120,
　　121, 126-131, 142, 148, 149
インターフェイス設計規則　　35
インテグラル型（擦り合わせ型／寄り）
　　5, 35, 38-41, 45, 46, 48-50, 56,
　　62, 63, 182, 184
　――アーキテクチャ　　11, 12, 16,
　　18, 22, 23, 57, 184
インテグラル度　→製品のインテグラ
　　ル度
ウェアラブルセンサ　　9, 151, 152,
　　155, 159, 163, 164, 176
営業　　7, 93, 97, 100, 102, 107,
　　113, 133, 134, 184
　――担当者　　103
　――・マーケティングの経験
　　116
エピステーメ　　187
エンジニア
　――個人　　6, 59, 65, 89, 151
　――における転職者の割合　　114
　――の営業経験の割合　　114
　――のコーディネーション能力
　　4, 6, 15, 18, 19, 22, 24-26, 28,
　　30-33, 63, 88, 151, 183
　――の職務経験　　113
　――の人材マネジメント　　35,
　　59, 112
　――のマーケティング経験の割合
　　114
オープン・イノベーション　　125
オープン・モジュラー型　　35, 36
オペレーティング・システム　→OS

か　行

解決行動　→問題解決活動／行動
外注工程　　93
外注していた業務　　97
外的統合　　61, 122
開発現場（レベル）での問題解決　　6,
　　73, 74, 76, 86, 89
開発コスト　　80
開発成果　　8, 60, 63-65, 79, 81,
　　84, 86, 88, 89, 119, 124, 127,
　　128, 131, 134, 135, 138, 141-
　　144, 147, 151
開発組織　　65
開発担当者　　8
開発パフォーマンス　　29, 44, 45,

51, 54-57
　　——指標　47
開発プロジェクトの不確実性　128
開発リードタイム・生産性　44
外部情報・知識の獲得（活用／取り込み）　8, 100, 120, 121, 125, 127, 129-132, 134, 135, 138-142, 144, 148
外部労働市場志向　41, 43
梶田隆章　146
過剰設計　57
過剰品質　57
カミオカンデ　146
下流工程　4, 8, 68, 93, 94, 96, 103, 105, 110, 115, 116, 119, 121, 123, 124, 127, 130, 148, 184, 185
頑健性　→ロバストネス
韓国事業体基礎統計　37, 38
韓国統計庁 2014 全国事業体調査基準　92, 94
管理職　160, 161, 164-168
キーエンス　143
企業特殊性　41
企業特殊的
　　——インターフェイス　25
　　——技能　129
企業内コーディネーション　3, 4, 11, 33
企業の境界　70
期限内解決　162, 171, 173, 174
期限内コールバック（ファーストコールバック）　161, 162, 173
キー・コンポーネント　23, 25, 45
疑似オープン・アーキテクチャ　39
技術　125, 126
技術（に関する）知識　8, 119, 127, 133
　　——に関する情報の取り込み　96
　　——を得るために有益だった情報源　101
機能設計　68-70
　　——・構造設計　68, 96, 105, 106, 109, 110, 119

技能の企業特殊性　43
キーパーソン　166, 167
基本設計　22, 35, 68-70, 93, 96, 109, 110, 119
吸収能力　120, 125, 127, 143
競合他社　107
共有メンタルモデル　168
金銭的インセンティブ　46, 52, 120, 128
グループリーダー　→リーダー
クローズド・インテグラル型　35, 36
計表管理　146
軽量級プロジェクト・マネージャー（PM）　61
ゲストエンジニア　36
ゲートキーパー　120, 125
研究開発費　179, 180
研究者数　179, 181
構造設計　68-70
工程設計　67, 69
工程設計・量産試作（工程）　96, 109, 110
　　——の実質的主導者　103, 105
行動経済学　145
顧客　107
顧客・競合他社・技術に関する（各社の）状況　100, 101
顧客志向　120, 125, 126
顧客ニーズ　8, 125-127
　　——に関する情報の取り込み　96
顧客満足度　3, 8, 22, 26, 28-31, 45, 46, 51, 53, 80-82, 130-137, 139, 141, 142, 146, 148
小柴昌俊　146
個人的作業　115, 116
　　——の比率　108, 109
個人能力・組織能力　143, 145, 148
個人の開発成果　79-81, 83, 84
コーディネーション能力　27, 29, 33
コミュニケーション　119, 127
　　——・コスト　169

――時間　　171, 172, 175
コミュニケーション・ネットワーク　　4, 9, 151, 153, 155, 158, 163-167, 169-172, 175-177, 187
コールバック　　171, 172
コンカレント・エンジニアリング　　97, 99, 100
コンセプトの策定　→製品コンセプトの策定(者／方法)

さ　行

最上流3工程主導者の職務経験　　106
　　マーケティングと営業　　108
　　要素技術開発，製品開発，製造・生産技術　　108
財務的指標　　126, 130
ザッカーバーグ, マーク　　3
サムスン電子　　14, 147
産業横断的分析　　65
3次元図　　44
事業所内解決　　162, 171, 173-176
仕事内容による処遇　　142
試作・検証　　67-70, 93, 96, 109, 110, 119
市場担当と技術担当との統合度　　134
市場ニーズ　　133, 184, 185, 187
　　――に関する情報　　119
　　――を理解するために有益だった情報源　　101
市場ニーズ・技術知識に関する情報　　115, 116
次数中心性　　155-157, 167, 168, 170-175
システム・レベルの品質　　12, 15, 17-19, 32
自分一人で開発に従事　　76, 77
社会関係資本　　152, 154
社会ネットワーク研究　　154, 157
社内で実施した工程　　93, 96
集団的作業　　115, 116
　　――の比率／割合　　108-110
自由な研究活動　　146

重量級プロジェクト・マネージャー（PM）　　61
上位組織での問題解決　　6, 72, 73, 85, 89
詳細設計　　22, 23, 93
上市　　95
　　――までの期間（月）　　98
上司と打合せ　　76, 77
仕様変更　　63, 70-73, 76-78, 85
情報源ごとの有益度　　102, 107
情報伝達のハブ　　166
上流工程（フロントエンド／upstream）　　1, 4, 7, 8, 67, 92-94, 96, 103, 109, 110, 112, 115, 116, 119, 121-124, 127-130, 142, 143, 148, 149, 184, 185
　　――管理　　3, 4, 6, 7, 91, 119, 120, 186
　　――主導者の職務経験　　115
　　――における不確実性　　8
処遇への影響（失敗の場合／成功の場合）　　113
職能主義　　78, 86
職務主義　　78, 86
ジョブズ, スティーブ　　91
人員不足　　63, 70-73, 76-78, 85
人材開発慣行　　26-31
人材マネジメント　　2-7, 27, 35, 36, 38, 41, 44, 46-52, 54-56, 91, 112, 119, 120, 131, 142, 144, 147-149, 151, 179, 182, 186, 187
人事考課　　146, 147
新卒採用（入社）　　42, 46, 52, 106, 107, 115, 147
スーパーカミオカンデ　　146
スマートフォン　　14
生産　　93, 97
生産性　　151, 158
正社員　　160
製造　　93
製造・生産技術　　107
　　――を担当するエンジニア　　103

製造品質　　3, 22, 26-31, 44-46, 51, 53
製品アーキテクチャ　　2, 4, 5, 11, 21, 32, 35, 36, 38, 39, 41, 44, 47-52, 54-56, 59, 62, 63, 65, 88, 119, 151, 182
　　——指標　　46
　　——の選択　　183
製品インターフェイス　　46, 52
　　——の開放度　　26, 28, 30, 131, 133, 135-137
製品開発　　93, 107, 120
　　——期間(延べ月数)　　94, 97
　　——成果　　124, 126, 142
　　——担当者　　144
　　——の全体像　　91
　　——のパフォーマンス　　30
　　——プロセス　　64, 67, 89
製品開発エンジニア　　7, 103, 105, 184, 186
　　——が主導　　115
　　——の上流(下流)工程主導　　106
製品カスタマイゼーション(の度合)　　25
製品企画　　93, 97, 110
　　——担当者　　7, 103, 185
　　——担当者の位置づけ　　111, 115
　　——とマーケティングとの関係　　110, 111
製品原価目標の未達成　　73-78
製品のアイデア
　　——検討　　96, 109, 110
　　——絞り込み　　96, 109, 110
　　——絞り込みの基準　　107, 109
　　——創出　　1, 91, 122, 124, 148
　　——出し　　96, 110
製品コンセプト　　119
　　——の策定(者/方法)　　1, 3, 6, 7, 67-69, 91, 93, 103, 120, 124, 129, 130, 148
製品特殊的部品　　26
　　——使用率/割合　　28, 30, 46, 52
製品のインテグラル度　　4, 6, 12, 13, 15, 18, 20, 22-24, 26-28, 30, 32, 33, 82-84, 88, 131, 133, 135-137, 151
製品のサイズ　　13
製品の(総合的)品質　　12, 15, 18, 20, 22, 45, 80
赤外線ビーコン　　159, 163
設計図への具現化　　91, 119
設計パラメーターの最適化　　23, 39, 45
設計変更指示(ECO)　　17
線形(関係)　　54, 55, 57
専門性に基づいた処遇　　142
総コミュニケーション時間　　177
ソシオグラム(無向グラフ)　　9, 163-167
組織的コーディネーション(調整)　　32, 119, 126, 129, 186
組織内(外)のコミュニケーション　　8, 65, 120, 121, 127, 129
組織内統合度　　8, 130-133, 136, 138-142, 144, 145, 148
組織の開発成果　　79-81, 83, 84
組織の経済学　　36
組織プロセス　　124, 125, 131, 145

た　行

大韓商工会議所資料　　67
対面コミュニケーション　　9, 153, 163
多機能一体型プリンター(デジタル複合機)　　13
短期的インセンティブ付与　　116
探索　　147
担当外問題(担当業務外で発生した問題)　　70, 76, 85, 86, 184
　　——解決　　86, 151
　　——解決における能動性　　6, 78, 82-84, 86, 89, 151, 184
　　——に対する解決行動　　86
担当者間コミュニケーション　　99
担当内問題(担当業務内で発生した問題)　　70, 71, 85, 86, 89, 183
　　——解決　　73, 82, 151

索引──207

──解決時の労働時間配分　75
──解決の組織レベル　73, 83, 84, 89
──に対する解決行動　75, 85
──のカテゴリー数　72, 73, 86
中国企業年鑑データ版　37, 38
中国34省市企業名録　67
紐帯　164, 166, 168
中途採用（入社）　42, 43, 106, 107
　──重視　41, 56
長期雇用　2, 147
長期的インセンティブ付与　116
長時間労働　74
調整不足　17
テクニカルアドバイザー　→TA
テクネー　187
電子メールログ　154, 156
東京商工リサーチ企業情報データベース　20, 37, 38, 67, 92, 94
等高線図　44-46, 48, 49
特許出願件数（PCT出願）　179
トラブル　159-161, 164-166
トレードオフ　12, 18, 32

な　行

内生性　171
内的統合　61, 122
内部育成　147
　──重視　41, 56
内部労働市場志向　41
流れ作業的な分業原理　99
認知的不協和　145
ネットワーク中心性　155, 158, 175
納期　80
　──遅れ　73-78, 85

は　行

媒介中心性　153, 156, 157, 168, 170-176, 187
派遣社員　160
八方美人的コンセプト　143
浜松ホトニクス　146
「反映仮説」　16

販売実績　8, 131-137, 139, 141, 142, 144, 146, 148
非1対1対応　23
非金銭的インセンティブ　8, 120, 128-132, 134-138, 140-142, 144, 145, 148, 149
非線形（関係）　54, 57
ヒューレット・パッカード　13
品質・コスト・納期　→QCD
ファジー・フロントエンド　120, 122
ファーストコールバック　→期限内コールバック
フェイスブック　3
不具合　63, 70-73, 76-78, 85
部品レベルの品質　12, 15, 17-19, 32
ブラザー工業　13
プロジェクト・マネージャー（PM）　2, 60, 61, 122, 123
　軽量級──　61
　重量級──　61
分析　65
平均勤続年数　26, 28, 29, 31, 45
変化への対応　59
法人（顧客）向けソフトウェア・サポート業務　9, 153, 154
補完関係　5, 50, 57, 131, 135, 136, 138, 141, 183
補完性　4, 5, 36, 43, 45-47, 50-52, 54, 56, 57, 182
ホーソン実験　152
ポラニー，マイケル　143, 145

ま　行

マーケティング　7, 93, 97, 100, 102, 107, 113, 133, 134, 184-186
　──・営業経験者の割合　115
　──担当者　8, 103
　──担当（者）と製品開発担当（者）とのコミュニケーション　127, 130, 140
　──担当（者）と開発担当（者）とのコ

ミュニケーション(の)円滑度
  132, 137, 139, 142, 144, 145,
  148
末位淘汰制度 147
マック(マッキントッシュ) 91
無向グラフ →ソシオグラム
メール返信 171, 172
目標品質の未達成 73-78, 85
モジュラー型(組み合わせ型/寄り)
  5, 17, 22, 35, 38-41, 44-46, 48-
  50, 56, 62, 63, 182
  ——アーキテクチャ 11, 12, 16,
  18, 22, 23, 57
  ——組織 16
問題解決 60, 152, 175, 176
  ——活動/行動 4, 6, 59, 60,
  63-65, 70, 72, 75, 76, 79, 81,
  82, 84, 86, 88, 89, 151
  ——の組織レベル 6, 75, 82,
  85-87
問題発生 6, 59, 64, 70

問題への対応 59

や 行

要素技術開発 107, 179
  ——を担う担当者 103
予算不足 63, 70-73, 76-78

ら 行

力量考課 147
リスク回避 129
  ——的行動 147
リーダー(グループリーダー)
  159-161, 164, 165, 167
  ——とのコミュニケーション時間
  171
リテンション 144, 145, 147
リードタイム・生産性 46, 51, 53
量産試作 67, 69
ロバストネス(頑健性) 28, 29,
  171

製品アーキテクチャと人材マネジメント
──中国・韓国との比較からみた日本
〔一橋大学経済研究叢書 65〕

2018年2月21日　第1刷発行

著　者　都留　康

発行者　岡本　厚

発行所　株式会社　岩波書店
　　　　〒101-8002　東京都千代田区一ツ橋 2-5-5
　　　　電話案内　03-5210-4000
　　　　http://www.iwanami.co.jp/

印刷製本・法令印刷　カバー・精興社

Ⓒ Tsuyoshi Tsuru 2018
ISBN 978-4-00-009926-4　　Printed in Japan

〔一橋大学経済研究叢書〕

59 家計消費の経済分析　　阿部修人著　A5 274頁　本体5000円

60 帝国日本と統計調査　　佐藤正広著　A5 326頁　本体5600円
　　──統治初期台湾の専門家集団──

61 税制改革のミクロ実証分析　北村行伸著　A5 296頁　本体5200円
　　　　　　　　　　　　　　宮崎　毅著
　　──家計経済からみた所得税・消費税──

62 ロシア人口の歴史と現在　雲　和広著　A5 196頁　本体4700円

63 法と企業統治の経済分析　岩﨑一郎著　A5 368頁　本体6900円
　　──ロシア株式会社制度のミクロ実証研究──

64 潜在能力アプローチ　　　後藤玲子著　A5 256頁　本体5600円
　　──倫理と経済──

別冊 家計・企業行動とマクロ経済変動　浅子和美著　A5 698頁　本体13500円
　　──一般均衡モデル分析と実証分析──

───── 岩 波 書 店 刊 ─────

定価は表示価格に消費税が加算されます
2018年2月現在